用小錢抵抗4大風險　全家安心才是大確幸

# 錢難賺
# 保險別亂買

第一本教你**買對、買夠、買好保險**的強效工具書

朱國鳳 / 邱正弘 著

## 【作者序】
# 陪伴大家找到安定的力量

　　為何會想寫一本保險書？緣起於一位老師的眼淚。那是買錯保單的後悔眼淚，還有保費太重、對未來許多人生目標都無著的不安眼淚。買保險的初衷，不是為了降低對未來的不安嗎，怎麼卻變成更不安的源頭？我發現一個很重要的癥結：保險，是一種「存在感」很低的金融商品。

　　奶奶問爺爺，「我吃過藥了嗎？」，爺爺回答：「好像有，又好像沒有」。這是一則西藥廣告，如果改成保險廣告，也很傳神。

　　奶奶問爺爺，「我們有買過這張保單嗎？」，爺爺回答，「好像有，又好像沒有」。因為還沒有發生萬一，還沒有機會「顯靈」的保單，很容易讓人忘了它的存在。

　　它不像股票或基金，市價、淨值每天波動，心情被牽著七上八下，你天天都會感受到這些金融商品的存在。但是保險，只有在繳費通知來的時候，才會讓人有感：一種辛苦錢被搬走的心痛感。

　　存在感很低的另一個原因是，保險內容太複雜。很多人拿到保單時，認為擔心的風險已經有了保障，根本不想細讀密密麻麻的條款，轉身就收進書櫥。於是就像「女人的衣櫥」，不止永遠少一件，還會讓人忘記，到底有沒有那一件。

　　存在感低的結果是：對未來越是不安，保單買得也越多；重複

買、多買、甚至錯買的機率也越大，結果是一堆保單、卻換來一臉的淚水。老師的眼淚，後來是讓一位財務顧問給「擦乾」，經過財務顧問一系列的診斷與協助，老師破涕為笑，重新找回對未來的安全感。但是還沒找到可信賴的財務顧問時，保戶與準保戶們又該怎麼辦呢？

看電視、看報紙、看雜誌、看網路，獲得的都是碎片般的知識，我自己也曾是「碎片知識」的生產者之一，因此我知道蒐集再多的「碎片」，也很難拼湊出買對保險的完整藍圖。

這套藍圖的精髓是：保險規劃前要先「理心」。對的，再強調一遍，買保險之前要先理好家庭財務，理財之前要先理心。

## 讓保險回到誕生時的本質

如果用柯 P 倡導的 SOP 概念來描述，買對保險的 SOP 應該是：確認家庭追求的重要價值與人生目標→盤點家庭財務→排序出最擔心的風險類型→執行「需求分析」→認識風險→買對保險→買夠保險→買好保險→實戰規畫。用這套流程所作的保險規劃，才能花最小預算、規避最擔心的風險；才能避免瞎買、錯買、多買；才能兼顧全家追求的夢想目標。但是我在坊間找不到有系統性的、完整性的實務指導專書，於是才有這本書的誕生。

老師的淚水、保費錯置所產生的社會成本、已經成為「國恥」的低薪，我們真的沒有做錯決策的本錢，這些都是寫這本書的動力。保險，應該要讓它先回到產品誕生時的本質：保障，讓它發揮安定家庭、安定社會的力量，而非不安的源頭，希望這本書能陪伴大家一起找到安定的力量。

contents
# 目錄

## CH. 4 買夠保險

## CH. 5 買好保險

# CH.6 實戰規劃

CH. **1**

# 序論

買了 15 張保單，仍然惶惶不安？原來是一開始就「買錯保單、或是有的買太多、有的買太少」。

保單是人生必需品，卻也是最容易錯買、瞎買的金融商品。序論篇用案例黃老師，讓讀者了解買對保險需要的正確流程；以及用案例大仁嫂，對照兩種版本的保險規劃，產生巨大的保費與理賠金的差異。♥

# 買了 15 張保單，為何換不到安全感？

**案例背景：**

黃老師 38 歲、先生 39 歲、育有一子、一女就讀國小。

**Before：**

我跟先生都是從事教職，公務員的收入穩定，沒有入不敷出，房子也買了，可是我仍然感到強烈的不安。

剛好有一個同學是保險業務員，她常常來推銷保單，我們前前後後買了十五張，年繳保費快 40 萬元。我原本以為買保險可以讓我化解不安，結果好像適得其反。

我不敢讓先生知道，這一堆保單中，除了有多達四張的投資型保單，還有一張是「連動債保單」，在 2008 年金融海嘯時，讓我賠了 40 多萬元，這筆錢都可以讓先生拿去買一部轎車了。

**名詞解釋：連動債保單**

投資型保單的一種，保費用來投資連動債。連動債＝固定收益債券＋選擇權之類的衍生性金融商品，會造成虧損的關鍵是後者的選擇權。

公教人員以前最讓人安心的是有穩定的月退俸，但是政府打算進行退休年金改革，我們的老後勢必充滿變數。兩個小孩還在念幼稚

園，我們還要準備雙份教育金。

　　保費負擔很重、退休金有變數、教育金沒著落，房貸本金的償還也遙遙無期。因為我們將房貸從 20 年期改成 30 年期，還了 5 年多，房貸本金只略減數十萬元。這些財務隱憂堆疊起來，讓我對未來很憂心。

　　我更深的不安，則是來自夫妻財務的分工。因為我們是採取責任分工制，說白了，就是各理各的財，先生負責房貸、孝養金與家用，我主要負責小孩的花用。

　　我不解的是，先生賺的比我多，錢卻好像都花光光了。我很多同事，下課後去做瑜珈、美容保養、寒暑假出國旅行，我都自動放棄，一心想把錢存下來，但是也沒換到先生的一句感謝。想到孩子漸漸長大，我們還有很多關卡要過，存款卻原地踏步，我常常背著先生流淚。

**After：**

　　直到我們經過親友的推薦，接觸了所謂的「獨立財務顧問」，人生才開始有了改變。

### 名詞解釋：獨立財務顧問

不隸屬於保險公司、基金公司、銀行，不以銷售商品為導向，提供客戶量身訂做的理財規劃，保險規劃只是其中一環，性質就像是客戶的家庭財務醫生。

　　我先生一開始只是想請顧問幫忙檢視那一大疊的保單，到底買得對不對？保障夠不夠？但是顧問不急著翻閱保單，而是與我們夫妻倆

深談。

顧問説，有的保險業務員會先幫客戶健檢保單，但就像是沒先檢查身體，卻忙著檢查過去服用了哪些藥物，根本是本末倒置。「一位合格專業的醫生，應該是先仔細詢問症狀、量測各項指數，確認真正的病因後，接著才是檢視病患曾經服用過的『藥物』對不對？『藥效』足不足吧？」，顧問微笑著先把保單擺在一邊。

她接著翻出一張「人生價值環」的圖像，要我們思考、並且填上屬於我們家的人生價值環。我們有點遲疑了，這跟保單健檢有甚麼關係？

顧問解釋，「理財之前要先理心」，很多人忙著理財、忙著買保險，對未來還是感到不安、好像永遠不足，就是因為沒有先弄清楚自

**｜ 黃老師人生價值環 ｜**

己最重視的人生價值環。

　顧問要我們填寫的「人生價值環」，是三層的同心圓，核心層分成「責任」、「安心」、「圓滿」，顧問要我們分別從這三個角度思考，並且在第二層同心圓填上：「要達成哪些狀態或境界，才能讓你們感到完成責任、感到安心與圓滿」。第三層同心圓則是根據第二層內容，填上具體的財務目標。

　說實在的，我們夫妻倆結婚十多年，不曾坐下來認真思考過這些問題。人生價值環乍看是一種很哲學、很抽象的思考，但是當我們填完屬於我們家的價值環後，我似乎能夠理解，顧問正在引導我們將抽象的幸福圓滿，具體的勾勒出明確的行動目標。

　當我們對自家的人生價值環有了清楚的認知後，顧問接著要了解我們的財務現況，以及協助我們進行「需求分析」。需求分析是根據我們在人生價值環列出的財務目標、以及現有資產、負債、收入、支出，進而算出哪些目標要靠投資、哪些目標要靠保險，這是一連串的科學化、量化的過程。（需求分析的架構，詳見續篇「沒有財務顧問，如何買對、買夠、買到好的保險？」一文）

　顧問解釋，要先完成這些嚴謹的動作，才能明確算出我們真正需要保障的風險類型、以及保險缺口。有了這張精確的「病歷表」後，顧問才會進行所謂的保單健診，檢視是否買對、買夠、買好。

　第二次面談時，顧問宣布保單健診的結果：竟然是「買錯、買不夠、買不好」。天啊，15 張保單、每年幾十萬元的保費，我原本還以為保障買太多，結果竟然是不夠，不需要的保單，倒是買了一大堆，先生沒說話，我卻感到很自責，這是我們的辛苦錢啊。

　　還好顧問協助我們調整保單，將年繳近 40 萬元的保費，先降到 30 萬元，保障反而補強變多；每年省下的 10 萬元保費，挪去存教育金、與提前償還房貸。

　　顧問建議我們倆開立的「共同夢想帳戶」裡，也已經按照先後順序，為房貸金、教育金、退休金而做準備，連我很在乎的旅遊金也有規劃。顧問把先生以往會忽略的家庭旅遊，設計到家庭預算制度裡，讓制度來實現夢想。

　　值得一提的是，為了完成正確的需求分析，顧問要求我們要記帳，我這時才知道先生的收入雖然比我多，但是要應付的各項帳單也更多，我以前還懷疑東、懷疑西的，現在夫妻間的互信也跟著加強了。

　　回顧過去，我們的目標沒有量化、預算沒有規劃、財務不透明，讓我對未來很不安。但是經過整體的規劃與調整後，現在這些疑慮都沒了。

　　正確的理財安排、貼心而公正的獨立理財顧問，讓我找回安心、也讓夫妻感情變更好，我也盡職的管好我們的夢想帳戶，我終於了解，買保險、只是理財的一環，沒有先列出自家的「人生價值環」、沒有先進行量化的「需求分析」，再多的保險也買不到安心，反而白繳了許多的冤枉錢。

　　一般家庭沒有專屬的財務顧問，要如何幫自家用嚴謹的科學過程，買對、買夠、買好保險呢？請見下一篇「沒有財務顧問，如何買對、買夠、買到好的保險？」內容。

# 沒有財務顧問，
# 如何買對、買夠、買到好的保險？

> 繼上一篇所描述的黃老師一家，完成保險規劃與整體財務規劃後，大家應了解降低保費，反而更安心，找到實現全家夢想的路徑，關鍵是託付到「對」的顧問。

近年來，細心的消費者會發現到，從保險業務員手中拿到的名片，很多會冠上「OO理財規劃師」、或「OO財務顧問」等名號。但是黃老師接觸的顧問，是所謂的「獨立財務顧問」，不靠販售金融商品佣金為生，堅守顧客導向，並且必須取得國際專業的認證，譬如CFP。

名詞解釋：CFP

CFP認證理財規劃顧問（CERTIFIED FINANCIAL PLANNER），該項認證制度源起於美國，發展至今已有40年以上的歷史，獲得近30個會員國所採用，在國際間的理財規劃業界，具有崇高的專業權威地位。認證程序嚴格，必須經過教育訓練、考試認證、工作經驗、紀律道德等關卡。取得證照後，每兩年仍需換證，必須提出持續進修的時數證明。

　　他們至少會與客戶進行二次以上的深度面談，確認清楚客戶的人生價值觀、財務現況、財務目標，量身訂做一套嚴謹的理財規劃，出具的規劃報告書至少六、七十頁，保險規劃只是其中的一環。

　　就像黃老師剛接觸時的心情一樣，「只是想檢視保單買的對不對？夠不夠？需要搞的這麼複雜嗎？」用一株蘋果樹的圖像，或許就能理解背後的理念。

　　家庭理財就像是種樹，種的好、結實纍纍；種不好、傾倒枯頹。諺語說的好，「樹頭顧乎在，毋驚樹頂做風颱」，收支管理、信用管理、風險管理，就是最重要的三大「樹頭」。

99% 消費者都忽略了買保險，只是整體理財規劃的一環，不是沒買，就是買錯、買太多、買太少，結果就會影響到幸福人生的實現。

　　只是「樹頭」雖然重要，但可別忘了、樹幹要能茁壯成長，才能期待樹頂開花結果。很多保險業務員、或是坊間保險書，只從保險論保險，很少先從整體財務下手、再談風險管理。

　　於是台灣投保率雖然高達 229%（2013 年壽險與年金險有效契約件數佔人口總數），亦即每人平均擁有 2.29 張保單，應有相當比例是買錯、買不夠、買不好，不只顧不好「樹頭」、更顧不到「樹頂」的各種夢想目標。

　　但是譬如 CFP 認證制度，引進至今、取得該項證照資格者也僅 1 千多人，絕大多數的消費者，無法像黃老師能夠擁有這種專屬的家庭財務顧問，而且完整的理財規劃與出具報告，費用也要 3 ～ 5 萬元。一般家庭如果沒有尋求獨立財務顧問的協助，要如何幫自己或家庭買到對的保單、夠的保額、以及相對便宜的保費呢？

　　次頁提供一張簡圖，在沒有專屬財務顧問的協助下，能夠用整體財務規劃的角度，概略算出自家的「財務目標」與「保險目標」。

　　大多數家庭跟黃老師一樣，對未來感到不安，關鍵是沒有把「不安」的根源進行分類與量化。

　　不安的根源，就是指「扛負的責任」、與「夢想的目標」，有哪些項目？需要多少準備？。這些責任與目標，如果沒有分類、當然不知道藥方（保單）對不對；如果沒有量化、結果就是保險買太少、或是買太多，甚至是只顧及到保險、而排擠了人生還有購車金、購屋金、教育金、旅遊金、退休金等夢想目標。

　　「人生責任與夢想藍圖」，最大的意義就是協助將不安的根源予以量化，看清楚目前擁有的資源、籌碼，能否應付未來需要扛負的責

## | 人生責任與夢想藍圖 |

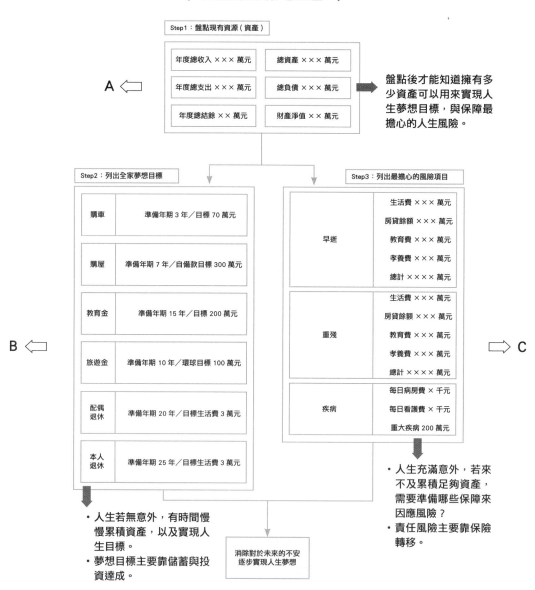

任、與想要實現的夢想目標。

Step ❶：需填入家庭的年度總收入、總支出、結餘；總資產、總負債、淨值。此區塊的數字是了解自家到底擁有多少資源、籌碼？很多家庭在這個流程就開始「撞牆」，因為從未記帳、或是一本迷糊帳。

就像是開車出遠門，駕駛一定會先檢視油表，才敢安心上路。如果不了解已有的資源／籌碼，就直接去買保險，不是買太多、就是買太少；或是將旅程目標（夢想目標）設得太多、太高，以致根本無法達成目標，因此這個步驟很重要。

Step ❷：是指人生如果沒有發生「萬一」，有時間按步就班的累積資產，希望能夠實現的夢想目標，通常此一區塊是靠儲蓄或投資來達成。

Step ❸：如果「萬一」比明天先降臨，來不及累積足夠的資產，有哪些未竟的責任，需要幫自己或家人提供保障，這一塊主要靠保險。（如果夫妻是雙薪家庭，各自扛負部分責任，則按夫妻分工比例，概算需要保障的額度）

將 Step❶ ～ ❸ 的項目量化後就能理解：A 區塊的有限資源、必須應付 B、C 區塊。沒有把 ABC 都予以量化，人生永遠充滿不安，即使買了保險，也不知道有沒有買對、買夠。

黃老師因為與獨立財務顧問建立了互信，透過一段時期的記帳，找出自家 A 區塊的相關數字，在顧問的協助下，進而完成 B、C 區塊的目標設定，正面積極的面對不安的源頭。

如果互信基礎還沒建立，大多數家庭很難將自家財務對保險業務員、或是財務顧問開誠佈公，在沒有這些人的協助下，自己只要懂得

從這張藍圖開始，按照設定的目標內容一一填入。就能掌握各項風險應該準備的保額，以及人生各項夢想目標預定準備的金額。對於保險買對、買夠、買好，已經跨出最重要的第一步。

接下來在本書第四章「買夠保險」篇中，進一步指導大家如何填寫自家的「人生責任與夢想藍圖」、以及算出應備保額、已備保額、真正需要的保險缺口。

# 做好 5 件事，買保險不再被呼攏

保險業務員舌燦蓮花，相信一般人當下都很難招架，回頭審視自己的保單，這才驚覺又糊塗買下根本沒用處的保險。如何避免被業務員牽著鼻子走，為自己量身打造最適用的保險，其實你只要做好以下 5 件事即可！

從上一篇所舉的黃老師案例：黃老師一家人可以知道，為何會「該買的買不夠、不該買的卻買一堆？」這種瞎買的現象，部分原因在保戶自己。

每張保單的給付項目五花八門，即使只買一張，都未必搞的清楚給付內容，更何況是買了很多張。如果沒有把各張保單的給付項目與保額做成一張彙整表，當然很容易「錯買、多買、少買、甚至重複買」。

還有每張主約的保單條款動輒二、三十條，如果加上三～四張附約，保單條款就會上百條，每一條都會影響日後的理賠權益，但是保戶很少會從頭到尾仔細審閱，等到理賠時才發現不如預期。

另一方面，目前的保險行銷制度，讓保戶更容易「錯買、多買、甚至重複買」。目前現售保單約二千多張（即各家公司架上可販售的保單），每年平均又有百張以上的新保單上架，登錄的保險業務員有

30 多萬人。

　　保險業務員主要收入來源是佣金，而現行佣金制度是第一年佔比最高，譬如 20 年期繳的終身壽險，第一年所繳的保費，業務員最多可以拿走佔保費 90% 的佣金，第二年的抽佣就陡降到約 4%（各家制度不盡相同）。在這種佣金制度下，部分業務員難免會積極的 push 客戶多買新保單。

　　其次是業務員是按保費收取若干比例的佣金，保費越高、相對佣金領的也越多。一個是高保費、低保障的商品，一個是低保費、高保障的商品，在業績競賽的壓力下，部分業務員不免偏愛前者。

　　讓消費者更卻步的是，保險還牽涉到法律、醫療、財務、稅務等專業，艱深、難懂，等到申請理賠時，拒賠、少賠案例層出不窮，保險爭議不斷。

　　根據金融消費評議中心統計，保險申訴案件數一直是 Top1，就以 2013 第三季收受申訴案件數為例，保險業占整體金融業近 9 成（含壽險、產險、保經代等）。

　　在這種大環境下，保戶如果想要「有買有保庇」，用小錢買對保障、買夠保障，好像有做不完的功課，看書、看報紙、看網路、看電視、找同學、找朋友、找親戚，看完、問完還是不知道自己買的對不對？夠不夠？好不好？

　　很多人甚至會懷疑，「我只是要買張醫療險、意外險，一定要去看一本怎麼買醫療險、或是怎麼買意外險的專書嗎？」，「我不是保險系學生或是業務員，需要懂這麼多的保險知識？」，「我又不是消保官、監理官，需要知道這麼多的迷思、騙術嗎？」。

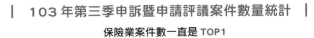

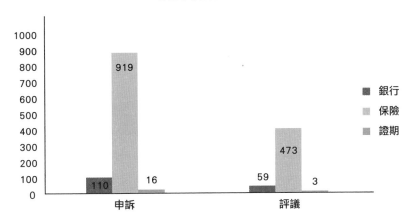

資料來源：金融消費評議中心（2013 年第三季統計）。

　　面對各種「碎片」般的知識，這本書希望提供的是實務指導、系統性的規劃，只要做好以下 5 件事：（1）認識風險→（2）買對保險→（3）買夠保險→（4）買好保險→（5）實戰規畫，循序漸進的執行，就能讓保險變簡單、變輕鬆，用最少預算、幫全家人買到最多保障。

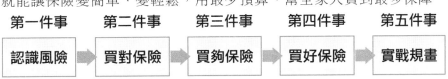

# 保單規劃不 OK，
# 保費貴 3 倍、理賠打 3 折

> 天下事皆如此，備而不用永遠強過毫無準備，原本幸福美滿
> 的人生，可能就因為突然出現一點小瑕疵而全盤皆毀，奉勸
> 正在考慮買保險的人啊，保單可不是越貴、理賠越多喔！

　　大仁哥三十而立，四「子」登科，已經擁有妻子、孩子、房子、車子，但最缺的是銀子，房貸＋車貸有 800 萬元，每月結餘也只剩萬把元。負責管帳的大仁嫂憂心忡忡，因為不管是疾病、殘廢、身故，任何一項風險都可能動搖這個幸福小家庭，大仁嫂想幫先生買保險。

　　大仁嫂找來不同公司的兩位業務員面談，他們各提出一份保險規畫，都有 cover 到早逝、殘廢、疾病等風險。「方案 1」的規劃有八張保單、分散四家公司，業務員解釋：「目的是要組合各家 CP 值高的保單」。

　　「方案 1」的規畫，年度總繳保費為 37,000 元，雖然大致符合預算，但是讓大仁嫂猶豫的是，「這些保單都是定期型，保險到期、大仁哥沒有怎樣的話，保費不是一毛都拿不回來嗎？」。

　　「方案 2」的規畫有四張保單，年度總繳保費 11 萬多元，雖然超過預算，但是這四張保單不是終身型、就是還本型，大仁嫂心想，「一

輩子這麼長，保障終身比較安心」，「現在《ーㄥ一下，反正以後保費還可以拿回來」。大仁嫂舉棋難定，靈機一動想到，買保險最重要的就是：發生風險時要能發揮作用，不妨模擬幾種最擔心的情境，請兩位業務員回答，在這些情境下，這兩種規畫內容可以領到多少理賠。

**｜　二種規畫方案，總繳保費比一比　｜**

| | 規劃方案 1<br>（保額／年繳保費） | 規劃方案 2<br>（保額／年繳保費） |
|---|---|---|
| 死亡<br>保障 | A 公司終身壽險主約 10 萬元／2,710 元<br>B 公司終身壽險 20 萬元主約／6,769 元<br>C 公司一年期定期壽險 600 萬元主約／10,320 元 | 終身壽險 100 萬元／<br>26,000 元（無殘扶金） |
| 殘廢<br>保障 | D 公司定期意外險專案 500 萬元主約／3,500 元<br>B 公司殘廢險 1 年期附約 500 元萬（一次給付）／1,950 元<br>B 公司殘廢險 1 年期附約 3 萬元（每月給付）／1,500 元 | 還本型意外險 200 萬元／<br>19,000 元 |
| 疾病<br>保障 | A 公司住院醫療險定期實支型 2 單位／6,500 元<br>B 公司 1 年期重大疾病險附約 300 萬元／3,000 元 | 終身住院醫療險日額型 2000 元／<br>日／33,000 元<br>終身癌症險 2 單位／34,000 元 |
| 總繳<br>保費 | 37,149 元 👍 | 112,000 元 |

說明：
1. 30 歲、男性。
2. 方案 1 的壽險有三張，A 公司與 B 公司是用最低保額投保，目的是為了附加殘廢險或醫療險等附約；身故保障的主力是放在 C 公司的一年期定期壽險。

## 情境 ❶：意外身故

　　大仁哥在竹科上班，每天要在高速公路往返，如果不幸車禍罹難，可以領到多少理賠？假設事故符合意外事故三要件：外來、突發、非疾病（詳見「最便宜的意外險，投訴比例第二高」一文），以上 2 種方案的理賠內容為：

方案❶：終身壽險 10 萬元＋終身壽險 20 萬元＋ 1 年期定期壽險 600 萬元＋意外險 500 萬 =1,130 萬元

方案❷：終身壽險 100 萬元＋意外險 200 萬元 =300 萬元

**結論：方案 1 勝**

### 情境❷：非意外身故

同樣是車禍身亡，如果是因為心肌梗塞等急症先發作，才導致車禍事故的話，就不符合意外險的理賠要件，兩種方案的理賠內容為：

方案❶：終身壽險 10 萬元＋終身壽險 20 萬元＋ 1 年期定期壽險 600 萬元 =630 萬元（因為壽險的身故理賠金不限疾病或意外）

方案❷：只能領到終身壽險身故理賠金 100 萬元

**結論：方案 1 勝**

### 情境❸：意外致殘

假設嚴重車禍造成下肢的永久性傷害，符合殘廢等級表的第 3 級殘（即兩下肢髖、膝及足踝關節中，各有二大關節永久喪失機能者，給付比例 80%）。

方案❶：意外險 400 萬元（500 萬╳80%）＋殘廢險一次給付 400 萬元（500 萬╳80%）＋殘廢險每月給付 3 萬元（180 個月）=1,340 萬元

方案❷：意外險 200 萬╳80%=160 萬元

**結論：方案 1 勝**

### 情境 ❹：非意外致殘

因為急症發作導致的嚴重車禍，不符合意外險理賠要件，只有不限意外與疾病的殘廢險可以申請理賠。

方案 ❶：殘廢險一次給付 400 萬元（500 萬×80%）＋殘廢險每月給付 3 萬元（最多給付 180 個月）=940 萬元

方案 ❷：現有規劃內容，無法申請理賠

**結論：方案 1 勝**

### 情境 ❺：中風出院長期復健

腦中風最可怕的是，會造成永久性的神經機能障礙。譬如一肢以上機能完全喪失；兩肢以上運動或感覺障礙，而無法自理日常生活；喪失言語或咀嚼機能；最嚴重的甚至會成為植物人狀態。

因此最大的風險是出院後的長期復健，而不是有限的住院醫療期間。因為原有的工作不保，還要支付龐大的照護費用。假設腦中風致殘等級符合給付比例為 80%。

方案 ❶：重疾險一次理賠 300 萬元＋殘廢險一次給付 400 萬元（500 萬×80%）＋殘廢險每月給付 3 萬元（180 個月）=1,240 萬元

方案 ❷：現有規劃內容，無法申請理賠

**結論：方案 1 勝**

### 情境 ❻：癌症標靶藥

　　大仁嫂有至親正在抗癌，她知道抗癌花費最大的是「標靶藥」，一個完整療程動輒數十萬～百萬元，而且通常注射標靶藥不用住院。如果未來不幸罹癌的話，可以得到甚麼理賠呢？

　　方案 ❶：重疾險一次理賠 300 萬元
　　方案 ❷：終身癌症險初次罹癌金 12 萬元＋終身住院醫療險雜費 12 萬元 =24 萬元

**結論：方案 1 勝**

　　值得一提的是，住院醫療險的雜費可以用來貼補標靶藥，但只限住院期間發生的費用支出，通常標靶藥療程至少好幾個月，如果是透過門診注射，要住院才能請領的雜費，就很難保障標靶藥的龐大開銷。

　　結論：大仁嫂發現，「方案 2」的規畫，雖然可以保障終身、也能還本，但是保費貴、保障少；方案 1 的理賠內容「完勝」方案 2，而且保費只有方案 2 的 3 成。大仁嫂從這二份規畫內容知道，要用有限預算、買到最大保障，學問真的不小，與其等到理賠時才後悔，她決定要好好研究，才能把這筆寶貴的預算花在刀口上。

| 保險理賠內容比一比 |

| 理賠情境 | 方案 1 | 方案 2 |
| --- | --- | --- |
| 意外身故 | 10 萬＋ 20 萬＋ 600 萬＋ 500 萬 =1,130 萬元 👍 | 100 萬＋ 200 萬 =300 萬元 |
| 非意外身故 | 10 萬＋ 20 萬＋ 600 萬 =630 萬元 👍 | 100 萬元 |
| 意外致殘 | 500 萬×80%=400 萬元<br>500 萬×80%=400 萬元<br>每月給付 3 萬元（180 個月）👍 | 200 萬×80%=160 萬元 |
| 非意外致殘 | 500 萬×80%=400 萬元<br>每月給付 3 萬元（180 個月）👍 | 0 元 |
| 中風出院長期復健 | 重疾險一次理賠 300 萬元<br>500 萬×80%=400 萬元<br>每月給付 3 萬元（180 個月）👍 | 0 元 |
| 癌症標靶藥 | 重疾險一次理賠 300 萬元 👍 | 終身癌症險初次罹癌金 12 萬元<br>終身住院醫療險雜費 12 萬元 |

CH.2

# 認識風險

買對保險的第一步，先從認識風險開始。

人生有 4 大風險，包括：「機率雖然低、但會讓財務破大洞」的風險，譬如早逝風險、重殘風險、重病風險；或是「機率 100%、但不是明天立刻就來」的風險，譬如老年風險。

認識人生的 4 大風險地雷後，接下來是把自己或家庭最擔心的風險排序出來，才能知道現階段最需要哪些保障。♥

# 步步驚心，人生有 4 大風險地雷

> 人生其實處處是風險，當我們聽到各種不幸事件時，首先應
> 該要做的就是思考如何轉移風險？哪些風險會讓自己或家人
> 的生活從此變調？也就是說，買對保險的第一步，先從認識
> 風險開始。

經常閱讀《蘋果日報》或《爽報》的讀者一定會注意到，報紙上
刊載的一則則等待社會捐助的報導，持續關注這些真實案例後可以發
現：死、病、殘、貧就像是連體嬰，壞事總是「做夥來」（台語），
譬如「妹妹捐脊髓救罹癌哥哥」就是一例。

抗癌的醫療開銷原本就很驚人，唯一的經濟支柱：父親，卻在這
時心肌梗塞猝逝，房子還留有大筆待償貸款。原本和樂的家庭禍不單
行，「重病」與「早逝」的風險接連重創兩位親人。

當我們閱讀著這些案例，並且伸出援手的同時，有沒有想過：「如
果是發生在自家的話，能夠安然渡過嗎？」。大多數人都是在人生階
段轉換、或是面臨重大危機時，才會意識到保險的重要性。

但是人生其實就像在玩電腦遊戲「踩地雷」，地雷可能就藏在下
一步。因此當我們聽到各種不幸的事件時，應該主動思考，要如何轉
移風險？到底有哪些風險地雷會把自己的人生炸到變了調？買對保險

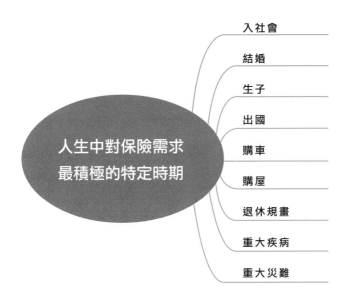

的第一步，先從認識風險開始。

　　會讓家庭財務破洞的都是風險，不過特別需要保障的是「機率低、但會讓財務破大洞」的風險，譬如早逝風險、重殘風險、重病風險；或是「機率100%、但不是明天立刻就來」的風險，譬如老年風險。

## 早逝風險：責任未了、子女太小

　　棒球教練徐生明、藝人戎祥、大炳、申東靖、安鈞璨，這些名人的共通性是甚麼？他們都是提早撒手人寰。徐生明享年55歲，申東靖甚至還不到30歲。早逝風險當然不只是發生在名人身上，名人不幸遭遇最重要的意義，是因為媒體的大量報導，提醒世人：人生無常，棺材不是只裝老人，風險可能會比明天先報到。

　　但是一死百了，為什麼死太早也是風險？因為扛家計者早逝，如

果儲蓄有限，至少有四項常態性開支會受影響：生活費、居住費（房租或房貸）、孝養費、教育費，不僅家人日子過不下去，甚至會流離失所、子女學業前程被迫中斷。

### 重病風險：臥病太久、開銷太重

生病也是風險？我們不是有全民健保可以倚靠嗎？健保是社會保險、不是商業保險，提供的只是最基本的保障，譬如癌症標靶新藥；等不到健保病房、必須選擇雙人病房的自費差額；虛弱病體需要照護的看護費用，如果儲蓄有限，這些開銷都會增加原本已經吃緊的財務負擔。

### 重殘風險：工作失能、拖累家人

在積蓄有限時，重殘風險甚至會比臥病風險還嚴峻。因為大多數疾病病癒後可以重返工作崗位；但傷殘往往是永久性的，也就是永久喪失工作能力與生活自理能力，不僅無法再扛負家庭責任，因為需要被長期照顧，還會拖累家人。（重殘風險詳見下一篇「讓全家人都活不下去的「重殘」風險」內容。）

### 老年風險：活得太長、老本用光

老年危機更要如臨大敵，老化不可怕，可怕的是「未富先老」、「未備先老」，甚至是晚年體衰多病。譬如勞保雖然有提供老年給付，但是所得替代率偏低、還有破產疑慮。

很多年輕家庭會特別防範死、病、殘等風險，對於老年風險卻是

掉以輕心，因為距離太遙遠，就像是「溫水煮青蛙」，等到人生一瞬、風險逼近眼前時，已經錯失準備良機。

　　死、病、殘、老四大風險，難道不能只靠儲蓄應付嗎？我們要思考的是，忙碌一生不只是為了善盡各種人生責任，還有很多的夢想願望，譬如購屋、購車、進修、創業、壯遊世界；或是人生更高境界的利己利他。

　　有限儲蓄既然要同時應付：風險責任＋夢想目標＋利己利他，意味著風險一但先發生，勢必掏空有限積蓄，夢想目標、或是利己利他都將跟著泡湯。只有用「低保費、高保障」的保單，將難以承擔的風險轉移出去。因此薪水少、儲蓄少，更需要買保險，買保險，是為了愛自己、愛家人，讓家人或自己，可以有尊嚴地活下去。

# 讓全家人都活不下去的「重殘」風險

> 在所有的風險中，最有可能拖垮全家經濟的風險就是「重殘」。
> 相較於「重病」有機會痊癒，「重殘」幾乎是處於永久性狀態；
> 而與「早逝」的一死百了相比，「重殘」不只原有工作收入會
> 中斷，還得由親人或聘請專人照護，根本就是雙重打擊。

「夫癱兒幼，一家六口擠睡親戚客廳」，這是「蘋果日報慈善基金會」協助需要社會捐款的其中一則案例。先生才 31 歲就突然中風，不僅工作丟了，付不出房租等帳單，連洗澡、排泄都要靠太太幫忙，一家六口只好擠睡在大哥家的客廳……。

觀察「蘋果日報慈善基金會」的關懷募款案例，發現最可能拖垮全家的風險，除了罹癌外，主要就是重殘。譬如中風、癱瘓、重擊腦傷造成智力退化或四肢無力、糖尿病併發症（眼盲、腎臟病變、神經病變造成腳軟手軟、截肢等）、先天或後天腦病變造成智力障礙、精神障礙（如重度憂鬱症）等。

在老、病、死、殘四大風險中，尤其是重殘風險最為嚴酷。因為相較於「重病風險」，有可能治癒康復，重殘風險幾乎是永久性狀態；相較於「早逝風險」的一死百了，重殘不只原有的工作收入會中斷，還需要親人照護，或是聘請專人照護，也就是原本的現金流入停止＋

持續性的現金流出，等於是雙重打擊。

重殘狀態時，除了需要專門人力看護外，通常還會伴隨著管灌食品、尿布、人工便袋等持續性的支出，譬如光是灌食開銷，每月就需7～8千元。

根據調查，後天性的殘障主要發生在青壯年階段，正是人生責任的高峰期。因此正在扛家計的青壯年，應該將保障殘廢風險列入第一優先。尤其是男性要比女性更提高警覺，根據內政部於 2011 年間進行的「身心障礙者生活狀況調查報告」指出，身心障礙者男性占57%、女性占 43%。

根據內政部同一調查，身心障礙者收入主要來源有 53% 是靠「政

**｜ 過半數的身心障礙者，仰賴政府補貼存活 ｜**

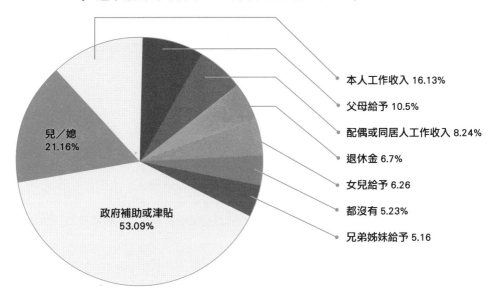

兒/媳
21.16%

政府補助或津貼
53.09%

本人工作收入 16.13%

父母給予 10.5%

配偶或同居人工作收入 8.24%

退休金 6.7%

女兒給予 6.26

都沒有 5.23%

兄弟姊妹給予 5.16

資料來源：內政部。

府補助或津貼」、其次是 21% 靠「兒／媳」。至於每月收支的狀況，有近 46% 是入不敷出，收入 > 支出的比例只有 7%，由此可知身心障礙對於家庭財務的衝擊。

因為政府補助或津貼相當有限，譬如「低收入戶」的每月身心障礙補助為 8,200 元（指「極重度」、「重度」、「中度」身心障礙），「中低收入戶」則只有 4,700 元。這筆補助頂多只能支應房租。

除了財務壓力外，更不能掉以輕心的是照顧者的精神壓力。請不起專人照護的家庭，靠親人長期抗戰的結果，照顧者也可能憂鬱症上身。根據媒體報導，平均有兩成的照顧者在兩年後罹患憂鬱症，87% 有慢性精神耗弱的現象，「孝子勒斃失智老母」、「老翁釘死臥病妻」，都是真實的不幸事件。

報載「新婚半年成植物人，妻照顧 7 年訴離獲准」，法官是用「難以維持婚姻」理由判離，判離後、妻子與娘家當然沒有繼續承擔照顧的義務。這位還在壯年的植物人，又將由誰承擔漫長的照顧重任呢？

如果選擇送到機構照護，每月平均也要約 3 萬多元，這個沉重的財務包袱，到底要揹多久呢？在勞委會的一份研究中指出，「勞工因為職災而造成的 1 ～ 3 級殘，存活時間平均在 13 ～ 18 年」，如果後天的重殘狀態是發生在青年時期，離天年還很遠，又沒有足夠家底支撐的話，就可能讓自己與家人都活不下去。

重殘風險既然如此險峻，只能靠保險轉移，根據內政部同一調查顯示，目前身心障礙者幾乎都只有最基本的社會保險，買商業險的比例相當低。即使有買商業險的身心障礙者，也是以「住院醫療險」為主，但此一險種只能提供住院期間的醫療保障，而重殘人士要應付的

卻是漫長的非住院歲月。（至於有哪些保險可以轉移到「重殘風險」？
請詳見第三章「買對保險」篇之「重殘風險，不能只靠一種保單」內
容。）

| 身心障礙者買商業險的比例相當低 |

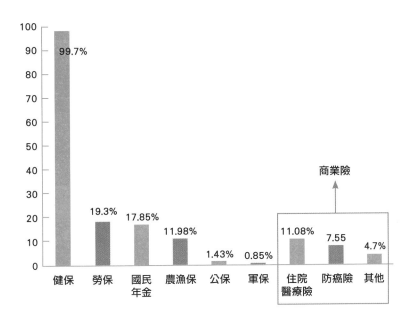

# 你最擔心的風險是什麼？
# 請逐一列出來……

> 每個人都有自己的人生功課，也有自己最擔心的事情與關卡
> 要度過，買保險的用意不就是為了幫助自己平安渡過難關
> 嗎？所以接下來，請拿出紙筆，逐一列出自己的煩憂，然後
> 才能清楚掌握，自家最需要哪些保單！

　　認識人生的四大風險地雷後，最完善的做法是「死、病、殘、老」都靠保險轉移，但是絕大多數家庭的預算有限，因此合理的做法是把自己或家庭最擔心的風險排序出來，才能知道現階段最需要哪些保障，排序時可以參考以下三大原則：

**原則 ❶：明天就可能發生的風險，優先投保**

　　死病殘老，哪一種風險明天就可能會發生呢？由於人不會一夕變老，但是明天就有可能早逝、重殘、或是重病。重殘風險不是老人的「專利」。

　　根據內政部於 2011 年進行的「身心障礙者生活狀況調查報告」指出，身心障礙者的年齡分布，青年、壯年合計 22%，中年更是大幅攀高到 36%。

### | 身心障礙者的年齡分佈 |

> 殘障風險不是只有發生在晚年，青年、壯年或中年都佔有相當比例。

| 0～18 歲 | 18～30 歲 | 30～45 歲 | 45～65 歲 | 65 歲以上 |
|---------|----------|----------|----------|----------|
| 6% | 7% | 15% | 36% | 36% |

資料來源：內政部 100 年調查

　　在蘋果日報慈善基金會的關懷案例中，「38 歲單親媽中風」、「30歲癌症末期」，顯示青年、壯年、中年者，應該預防明天就可能發生的死病殘風險。但是對於中高齡族群，迫在眉睫的風險反而不是早逝，而是即將到臨的老年風險、與殘、病風險。

　　至於單身無家累的族群，也不用擔心早逝，而是要嚴陣以待重殘、重病風險，行有餘力再逐步因應老年風險。

## 原則 ❷：扛不起的風險，才需要投保

　　根據報導，「人一生平均感冒二百次」，感冒如此頻繁，是否需要為感冒投保呢？由於預算有限，保險應該「保大不保小」，也就是保障扛不起的風險，第一種是短期內就要支付的鉅額財務損失，譬如出國遇到重大傷病，或是開車造成死傷、面臨鉅額的和解金。

　　第二種是會讓長期現金流由正轉負的風險。譬如維持冠狀動脈血液通暢的「血管支架」，健保全額給付；但是有塗藥的血管支架，健保則是部分給付，民眾自費金額約 6 ～ 6.4 萬元，這種支出不會讓長

期現金流由正轉負。

　　但是癌症的標靶用藥，一個完整療程下來，可能為期 1 年以上，合計開銷上百萬元，再加上抗癌期間沒有工作收入，就會讓家庭現金流由正轉負，因此癌症與重殘都應列入優先投保的範圍。

### 原則 ❸：機率高的優先投保

　　根據衛福部於 102 年進行的國人死因調查，如果根據年齡別觀察，15 ～ 24 歲者死因之首為「事故傷害」；25 ～ 44 歲、45 ～ 64 歲，這兩個年齡層的死因之首都是「惡性腫瘤」，而且年齡越長、罹癌致死機率越高，因此青年應優先投保意外險，壯年、中年則要開始增加防癌險。

　　根據上述 3 大原則，歸納出自家最需要防範的風險，接著請翻閱到第三章「買對保險」篇，筆者將協助你針對風險類別，找到相對應的正確保單規劃。

CH. **3**

# 買對保險

買保險有３大原則：「買對→買夠→買好」，當第一個原則「買對」沒有做到，即使有做到第二與第三個原則，保費還是白繳。

但是買對保險，最怕有「小三」來亂，也就是標榜保障＋還本的險種，對於預算不足的保戶，很容易兩頭落空。

人身處處風險，最嚴峻的是重殘風險；如果是開車族，還要提防車禍造成的破產風險；如果出國旅遊，一場突發疾病，也可能讓小資家庭傾家蕩產。而上述這些風險都要靠買對保險予以防範。♥

# 給付項目：買對保險的重要關鍵

> 「買對、買夠、買好」是一般人投保的 3 大原則，這當中尤以「買對」最重要，畢竟每個人的需求都不一樣，若一開始就買錯商品，個人需求無法被滿足，即使已「買夠」、「買好」，保費恐怕還是白繳。

　　張先生是工廠作業員，操作機器時不慎切斷手臂，緊急送醫進行手術，張太太知道先生曾買過「重大疾病險」，認為這麼「重大」的傷害，重大疾病險應該有理賠，問過業務員才知道，重疾險只有理賠癌症、中風等 7 種疾病，意外險才會保障像這種斷臂的重殘風險。

　　李媽媽胃潰瘍住院 6 天，李媽媽記得好幾年前曾買過一張「終身健康險」，應該可以申請理賠，沒想到保險公司回答：「這張終身健康險沒有理賠住院，您住院六天，並不在保障範圍喔。」

　　根據「消費者金融評議中心」的統計，在所有的金融消費糾紛中，比例最高的就是保險。因為保險商品五花八門，保單條款艱澀難懂，等發生事故、卻領不到理賠時，當然會認為保險騙人，其實有可能是一開始就買錯了保險，需要「滅火器」、卻買成「噴霧器」。

　　買保險有 3 大原則：「買對→買夠→買好」，當第一個原則：「買對」沒有做到，即使有遵循第二與第三個原則，保費還是白繳。由於

不同的保險商品，有不同的特定功能，只能解決特定的需求，如果一開始就買錯商品，不僅無法解決問題，當然也達不到「買夠」與「買好」的需求。

人生風險有四大類：死（早逝）、病（重病）、殘（重殘）、老

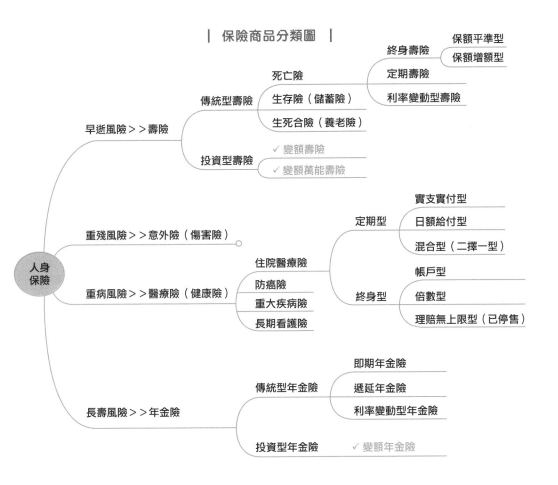

**｜ 保險商品分類圖 ｜**

說明：橘色字體屬於投資型保單

（長壽），壽險只能解決「早逝」的問題；醫療險（健康險）只能解決「疾病」的問題：意外險（傷害險）只能解決「殘廢」的問題；年金險則是專門解決「長壽」的問題。

最想保障重病的風險，卻去買意外險；想保障早逝風險，卻買到年金險。買錯商品，當然無法解決最擔心的問題與風險。但是買對保險類型，還要買對給付項目。

譬如前述李媽媽買的「終身健康險」，光看險種名稱：「OO 喜轉樂活終身健康險」，屬於健康險（醫療險）的一種，但是給付項目沒有「住院醫療保險金」，只有「身故保險金」、「特定傷病保險金」，即使住院 6 天，當然申請不到住院醫療保險金。

「為什麼會買錯商品？第一個原因是沒有把擔心的風險詳列出來，第二個原因是業務員沒有對症下藥。」在前面「認識風險」篇中的章節裡，如果已經確認自身最擔心的風險排序，接下來就是要找到相對應的險種。

理論上，業務員開出的「處方簽」，應該要能符合客戶需求，但事實是買錯保險的案例比比皆是，為了避免一開始就出錯，消費者也應該要對保險商品的基本分類有簡單的認知。

人身保險雖然只概分為四大類，但是可以按「保障期間長短」、「保額增減」、「滿期型或還本型」、「保障型或理財型」、「一次給付或分期給付」、「帳戶型、倍數型、無限額型」等條件，又可以繁衍出數十、上百種分類，即使是保險從業人員，也未必能全盤理解掌握。

如果保戶買保險，除了當成純保障工具外，又想當儲蓄工具、節

## | 擔心風險與險種名稱對照表 |

| A 風險分類 | | B 風險名稱 | C 給付項目 | D 險種名稱 |
|---|---|---|---|---|
| 4 大人身風險 | 身故 | 疾病身故 | 一般身故給付 | 終身壽險.定期壽險 |
| | | 意外身故 | 意外身故給付 | 傷害險（意外險） |
| | 醫療 | 住院醫療 | 住院給付 | 實支實付型住院醫療險.日額給付型住院醫療險 |
| | | 癌症醫療 | 癌症給付 | 防癌險.重大疾病險. |
| | | 重大疾病（註1） | 重大疾病給付 | 重大疾病險 |
| | | 特定傷病（註2） | 特定傷病給付 | 特定傷病險 |
| | | 意外醫療 | 意外醫療給付 | 意外醫療日額險.意外醫療實支險 |
| | 殘廢 | 疾病殘廢 | 全殘給付 | 終身壽險、定期壽險、殘廢險、長期看護險、殘扶金 |
| | | | 長期看護給付（一次給付） | 長期看護險. |
| | | | 長期看護給付（每年/期給付） | 長期看護險. |
| | | | 殘廢給付（一次給付） | 殘廢險 |
| | | | 殘廢生活扶助金（每年/期給付） | 殘扶金 |
| | | 意外殘廢 | 全殘給付 | 傷害險（意外險）、殘廢險、殘扶金、長期看護險. |
| | | | 傷害第2級至第11級殘廢給付 | 傷害險（意外險）、殘廢險、殘扶金 |
| | | | 傷害第2級至第6級殘廢豁免保險費 | 傷害險（意外險）、殘廢險、殘扶金 |
| | | | 重大燒燙傷給付 | 傷害險（意外險）、殘廢險、殘扶金（註4） |
| | 養老 | 退休生活 | 滿期給付 | 養老險 |
| | | 退休生活 | 分期給付 | 年金險 |
| | | 臥床長期照顧 | 長期照顧給付（分次性）、長期照顧復健給付（一次性） | 長期看護險、殘廢險、殘扶金 |
| 特定人身風險 | | 中風 | 重大疾病（特定傷病）給付、殘廢給付 | 重疾險（特定傷病險）、殘廢險、殘扶金 |
| | | 失智 | 特定傷病給付、殘廢給付 | 特定傷病險、殘廢險、殘扶金 |
| | | 癱瘓 | 重大疾病（特定傷病）給付、殘廢給付 | 重疾險（特定傷病險）、殘廢險、殘扶金 |
| | | 洗腎 | 重大疾病（特定傷病）給付、殘廢給付 | 重疾險（特定傷病險）、殘廢險、殘扶金 |
| | | 精障.智障 | 殘廢給付 | 殘廢險、殘扶金 |
| | | 糖尿病併發症（註3） | 殘廢給付 | 殘廢險、殘扶金 |

註1：指中風、癌症、心肌梗塞、冠狀動脈繞道手術、慢性腎衰竭、癱瘓及重大器官移植等重大疾病。
註2：特定傷病：以各家保單內容為準。
註3：糖尿病併發症（眼盲.截肢.洗腎等）。
註4：只有部分意外險才有重大燒燙傷給付；殘廢險／殘扶金也須符合殘廢等級表規定。
說明：各險種給付內容，以各家保險公司為準。

稅工具、投資工具，想要滿足的目的越多、買錯的機率當然也越高。最保險的方式是，讓保險先回歸純保障的功能就好。

消費者可以根據「擔心風險與險種名稱對照表」，先按 A 風險分類、B 風險項目，將自身最擔心的風險勾選出來→再根據 C 給付項目，去對照該風險正確對應的給付項目名稱→最後根據 D 險種名稱去確認有哪些險種提供相關的給付。

譬如案例中的張先生，因為在工廠操作機器，最擔心意外造成的殘廢風險，根據「擔心風險與險種名稱對照表」，依序可在 A 欄中的「殘廢」→ B 欄中的「意外殘廢」→找到 C 欄中的給付項目有：「意外身故保險金」、「意外殘廢保險金」、「殘廢生活扶助金」，最後再從 D 欄中找到相對應的險種有：意外傷害險、殘廢險、殘扶金、長期看護險等，而不至於錯買到「重大疾病險」。

買對商品的關鍵其實就在「給付項目」，給付項目名稱各家會略有差異，除了自己對照本表外，當業務員開好處方籤時，記得確認DM 或「保單條款」中是否已詳列出自己需求的「給付項目」，就能避免需要滅火器、卻錯買成噴霧器的憾事。

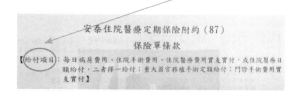

# 重殘風險，不能單靠一種保險支撐

> 重度殘廢，不只可能失去既有的工作能力，甚至可能失去生活自理能力，這可不是住院醫療險能夠應付得了，目前有哪些保單能夠轉移這個最嚴峻的人生風險？

## 選擇 ❶：意外險

單純的意外險主要有二項保險給付：意外身故保險金、意外殘廢保險金，後者就是用來保障殘廢風險，跟其他轉移殘廢風險的工具相較，意外險可說是最經濟實惠了，理由如下：

### （1）賠率最高

如果是跟產險公司買，年繳 6 千多元就可買到 1 千萬元保障（以第 1、2 類職業、主約型為例），「賠率」高達 1,600 倍。

### （2）殘廢保障範圍廣

意外險是按「殘廢程度與保險金給付表」理賠，該表將殘廢程度分為 11 級，依殘廢等級給付最少 5%、最多到 100% 的殘廢保險金，也就是從輕度到重度都能獲得不同比例的理賠。但是要提醒的是，意外險的理賠認定也最嚴格。譬如某星相專家小腿被截肢，屬於殘廢程度表的第 6 級，意外險的給付比例為保額 50%，即投保 1,000 萬元意

外險，可獲得 500 萬元理賠。

　　但是以該案例而言，意外險是無法獲得理賠的，因為截肢是因疾病、而不是「意外事故」，因此意外險雖然費率最便宜，但是只能保障因為意外事故造成的殘廢風險。（詳見第五章「買好保險」篇之「最便宜的意外險，投訴比例第二高」一文。）

| 「疾病」才是多數身心障礙者的致殘成因 |

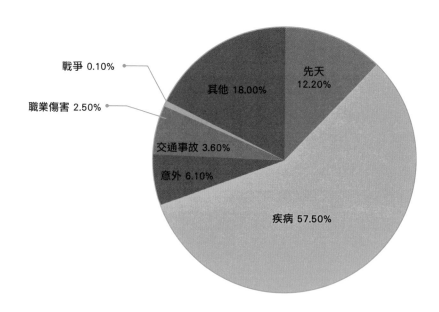

資料來源：衛福部身心障礙者（103 年 10 月）。

### 選擇 ❷：壽險「全殘保險金」

　　很多人會忽略壽險有一項「全殘保險金」，也能保障殘廢風險，而且可以保障「意外」或「疾病」造成的殘廢風險，不像意外險只限

意外造成的殘廢風險，但是要注意，既然是全殘保險金，保障範圍就只限於「全殘狀態」。

哪些狀態才符合全殘呢？簡單講，就是要到達「雙眼全盲、缺雙手或雙腳、缺一手＋一腳、植物人……」等等，也就是極度重殘狀態，極重殘之外的殘廢風險，壽險全殘保險金就派不上用場，而且壽險費率也較貴。而保額1千萬元，20年期的定期壽險是意外險費率的5倍多，終身壽險甚至高達47倍（以30歲男性費率為例），顯然壽險不適合當作保障殘廢的主要工具。

## 選擇 ❸：長期看護險

重殘最令人恐懼的原因是「失能」，也就是失去生活自理能力，代表需要「長期看護」隨侍在側了，那麼「長期看護險」應該最能對症下藥囉？可惜答案不如預期，並不是請了長期看護就符合長看險的理賠條件。

因為多數的長看險理賠條件相當嚴格，不像意外險是按「殘廢程度與保險金給付表」理賠，長看險主要是按「巴氏量表」等條件理賠（詳見下頁「長期看護險的理賠條件」）。譬如因為意外事故斷了雙臂，如果有投保意外險，已符合「第1級殘」、100%比例理賠；壽險也已符合「全殘」定義，可以請領全殘保險金，但是長看險未必能順利請領，對於消費者而言，長看險的不利點如下：

### （1）理賠標準嚴格
「長期看護險理賠條件一覽表」大致列出目前各家長看險引用的

理賠標準，主要分成兩大類：失能狀態、失智狀態。有的保單理賠標準是偏重前者、有的是偏重後者，如果被保人重殘狀況是偏後者、選的保單卻是偏前者，就不利於理賠申請。

更重要的是，理賠條件頗為嚴格，就以雙臂全斷為例，某保險公司如果選用的是表一所列的「類型2」，雙臂全斷、雖然已符合兩項以上的失能狀態，但是斷了雙臂，但雙腿仍然可以行走，就不符合「時常處於臥床狀態，無法在床鋪周遭以自己的力量步行」，因此有可能無法請領到該張長看險的理賠。

雙臂、雙腿截肢或雙眼失明，等於剝奪大多數上班族原有的工作能力，甚至自我照顧能力也有問題，但由於失明或截肢，仍可以「自行飲食、上廁所」等等，就不符合長看險的理賠標準。簡單講，幾乎是長期臥病、甚至是植物人才能獲得大多數長看險的理賠。

**｜ 長期看護險的理賠條件 ｜**

| 類型 1 | 類型 2 | 類型 3 | 類型 4 |
|---|---|---|---|
| 符合下列 3 項<br>（失能狀態） | 時常處於臥床狀態，無法在床鋪周遭以自己的力量步行，且符合下列 2 項<br>（失能狀態） | 巴氏量表<br>（失能狀態為主） | 器質性癡呆<br>（失智狀態） |
| · 無法自行飲食<br>· 無法自行穿脫衣物<br>· 無法自行走動<br>· 無法自行就寢起床<br>· 無法自行沐浴<br>· 無法自行排便尿 | · 無法自行穿脫衣服<br>· 無法自行沐浴<br>· 無法自行擦拭排泄後的大小便<br>· 無法自行就食 | · 意識狀態障害<br>· 行動能力障害<br>· 臥床狀態障害<br>· 攝食狀態障害<br>· 沐浴障害<br>· 更衣障害 | 意識清醒下：<br>· 無法辨認時間<br>· 無法辨認場所<br>· 無法辨認人物 |

### （2）保費昂貴

以目前看護費與生活費合計，每月最好要有 4 萬元的殘廢保障，換算每年需要約 50 萬元照護金，如果想領到每年 50 萬元的終身看護金，若是選擇有壽險成分、也就是有身故理賠金的長看險主約，35 歲男性每年保費甚至高達近 14 萬元，勢必排擠其他風險的保障預算。

就算是選擇無壽險成分、沒有身故理賠金的長看險附約，男性保費約便宜 3 成、女性保費約便宜 4 成，年繳保費負擔仍然不輕。

## 選擇 ❹：殘扶金附約

殘扶金全名是「殘廢扶助保險金附加條款」，可以理賠因為意外或疾病造成的殘廢，早期只有部分壽險有提供這項附加條款，晚近還延伸到部分的健康險、意外險，也開始提供殘扶金的保障。

跟前述選擇 ❷ 的「壽險全殘保險金」不同的是，壽險全殘保險金是一次性給付、殘扶金是分期給付，而且保障範圍擴大到 1 ～ 3 級、或是 1 ～ 6 級。殘扶金與意外險一樣，都是按「殘廢程度與保險金給付表」與主約保額的若干比例理賠，但是殘扶金會在被保險人仍生存時，每月或每年給付一筆保險金，直到達到一定的給付次數、總額、或年齡等。

## 選擇 ❺：殘廢險

殘廢險可以保障意外或疾病造成的傷害，也是按殘廢等級給付若干保額比例的理賠金，殘廢險跟殘扶金又有甚麼不同呢？主要差異是：殘廢險是一次性給付、殘扶金是分期給付；殘廢險保障範圍是 1 ～

11 級，殘扶金保障範圍大多在 1 ～ 6 級，保障範圍較狹隘。

　　殘廢險如果是用附約方式購買，大多數公司會限制主約與附約的保額比例，譬如比例限制是 1：1 的保單，表示須先買 500 萬元的壽險、儲蓄險、醫療險等主約，才能附加 500 萬元的殘廢險附約。

### 選擇 ❻：「殘扶金＋殘廢險」綜合版

　　喜歡殘扶金的持續給付、但是喜歡殘廢險的保障範圍廣，怎麼辦呢？晚近業者又推出兩者的綜合版，就是提供「一次性給付＋持續性給付」，一次性給付是按 1 ～ 11 級殘廢等級與保額比例給付，如果殘廢等級在 1 ～ 6 級，則再提供持續性給付，綜合版推出後已漸漸成為主流，二種給付方式都想要、殘廢等級也希望更廣，當然費率也會較高。

　　也由於選擇 ❹、❺、❻ 光看保單名稱，消費者不容易分辨，因此不用拘泥名稱，而是列出想要的實質內容，譬如列出希望的給付方式、殘廢等級範圍、預算範圍等，再請業務員提供建議。

### 選擇 ❼：特定傷病長看險

　　殘扶金＋殘廢險的綜合版，因為綜合兩種產品性質，綜合版的名稱大多不會看到「殘扶金」、「殘廢險」等字樣。同樣的，選擇 ❼ 像是長看險、殘廢險、殘扶金的變形、延伸，可稱為「特定傷病長看險」。因為只保障特定傷病造成的殘廢，保障範圍較窄、理賠條件也較嚴。

　　綜上所述，保障殘廢風險的保單種類雖然多，但是選擇 ❷「壽險

全殘保險金」只限全殘;選擇❸「長看險」理賠標準嚴格;選擇❼「特定傷病長看險」保障範圍較狹、理賠標準也較嚴。

選擇❶「意外險」雖然只保障意外事故造成的殘廢風險,但是有費率最便宜的優點,可以當成主力之一,主力之二,則是在選擇❹、❺、❻中擇一搭配。(如何搭配與挑選相關的保障殘廢風險的保單,請詳見第 5 章「買好保險」之相關章節介紹。)

## | 保障殘廢風險的保單類型 |

| | 壽險 | 意外險 | 長看險 | 殘扶金 | 殘廢險 | 綜合版 | 特定傷病長看險 |
|---|---|---|---|---|---|---|---|
| 保險範圍 | 疾病或意外傷害事故造成的全殘 | 意外傷害事故 | 長期看護狀態 | 疾病或意外傷害事故 | 疾病或意外傷害事故 | 疾病或意外傷害事故 | 罹患特定傷病 |
| 給付方式 | 一次性給付 | 一次性給付 | 一次性給付 持續性給付 | 持續性給付 | 一次性給付 | 一次性給付 持續性給付 | 一次性給付 持續性給付 |
| 理賠標準 | 全殘狀態 | 殘廢等級 1～11 級 | 須符合「生活無法自理」或「器質性癡呆」條件 | 殘廢等級 1～3 或 1～6 級 | 殘廢等級 1～11 級 | 一次性給付 (1～11 級) 持續性給付 (1～6 級) | 符合特定傷病定義 |
| 保單型式 | 主約、附約 | 主約、附約 | 主約、附約 | 附約為主 | 主約、附約 | 附約為主 | 主約、附約 |

# 擔心中風、失智，買對保險才安心

> 根據 WHO 資料顯示，自 1990 年以來，中風位列已開發國家人民的第三大死因。但中風最讓人害怕的不是死亡，而是「死不了」的終身殘廢風險，在台灣，每年平均有 17,000 人因為中風而導致失能，是成人殘障的首要原因。

第 87 屆奧斯卡獎的得獎名單中，出現一個值得玩味的現象，獲得最佳女主角獎的《我想念我自己》，主要敍述一位語言學家罹患失智症的經歷；獲得最佳男主角的《愛的萬物論》，則是改編自知名天文物理學家史蒂芬霍金、是漸凍症患者的真實故事。

失智症、漸凍症成為電影熱門題材，電影反映當代的社會趨勢，其實熱門廣告也能看出一些端倪。近年來一堆標榜改善血液循環的藥物廣告紛紛出籠，譬如「哇咖麻，是要按怎走？」，背後顯示著對於中風的社會隱憂。

根據「台灣腦中風學會」資料，中風可以概分成二種：（1）出血性中風（即腦血管破裂）、（2）缺血性中風（即腦血管阻塞），前者死亡率較後者高出許多。但是大多數的中風患者都是屬於後者，占比達 81%，亦即大部分中風患者，不會立即面臨死亡，而是長期的中度或重度殘廢。

　　譬如令人緬懷的前行政院長孫運璿，從腦溢血到病逝，臥病時間長達 23 年。孫資政一生貢獻國家，所幸有退休俸等津貼撐持，沒有足夠準備的一般民眾，對於中風就要嚴陣以待。

　　近年來，另一個令人談虎色變的疾病則是失智症，根據衛福部統計，截至 2013 年失智症患者約有四萬人，令人擔憂的是，這個數字較 2000 年暴增三倍。如果是根據台灣失智症協會推估，2012 年台灣失智人口其實已逾十九萬人。

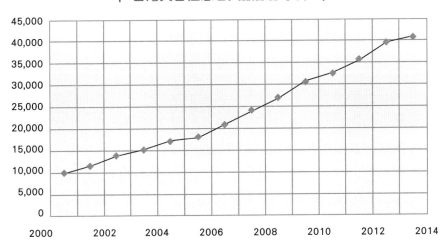

資料來源：衛福部 2013 年統計。

　　有不少民眾對失智症存有誤解，「反正老了，記憶差一點也無所謂啦」，失智症簡單講，就是大腦功能出現漸進式退化。但是根據台灣失智症照護協會資料顯示，失智症晚期，對於人、事、時、地、物

會陸續出現認知障礙，不僅會忘了自己是誰，嚴重的話，甚至無法站立、行走、自行進食、穿衣、排泄等，也就是完全喪失生活自理能力。

家庭照顧者總會進行「被照顧者的身體狀態」調查也顯示，中風與失智高居被照顧者的前四名：分別是肢體障礙 24.2%、中風 21.3%、智能障礙 19% 以及失智 14.9%。

因此我們對於需要長期照護的中風與失智，需要特別提高警覺，一種是自我健康管理，一種則是風險管理。由於中風與失智最大的風險是在居家期間的長期照護，而不是住院期間的醫療，因此住院才有理賠的住院醫療險幫不上甚麼忙。

目前有保障中風與失智的險種主要有：重大疾病暨特定傷病險、長期看護險、特定傷病長期看護險、殘廢險、殘扶金等。而傳統的重疾險主要包含以下 7 種狀況（腦中風、心肌梗塞、尿毒症、癌症、癱瘓、重大器官移植手術、冠狀動脈繞道手術），晚近擴大到十四項、二十二項的「重大疾病暨特定傷病險」（以下簡稱重疾險），則已將中風與失智都囊括在內。

但要注意的是，如果選擇的是一次給付性的重疾險，如果先罹癌、後中風，先前已經請求理賠過癌症，而後的中風就無法再申請理賠。根據彰化秀傳醫院神經科主治醫師葉宗勳研究發現，「絕大部分癌友都屬於中風高危險群」（特別是胰臟癌、淋巴癌、肝癌、肺癌、頭頸癌、子宮頸癌、卵巢癌及胃癌）。

長看險或特定傷病長看險，則有（1）理賠標準嚴格、（2）保費較貴等限制（詳見前一篇「重殘風險，不能只靠一種保險支撐」一文）。建議還是優先考慮用殘廢險或殘扶金來轉移中風與失智等風

險，最主要理由是保障範圍最廣。

　　近年有保險公司因應社會對於中風與失智的恐慌，只將這兩項特定疾病包裝成一個專案，或是推廣將中風與失智囊括在內的特定傷病長看險等等，但是要提醒的是，不只中風與失智、很多疾病或意外都會造成終身性的殘廢。

 **可能造成終身殘廢的疾病或手術**

腦中風、阿茲海默症、帕金森氏症、癱瘓、昏迷、腦腫瘤、嚴重頭部創傷、庫賈氏病、多發性硬化症、肌肉萎縮症、外傷性癲癇、運動神經元疾病（漸凍症）、尿毒症（洗腎）、心臟瓣膜手術、主動脈外科置換術、原發性肺動脈高血壓、胃癌、肺癌、肝癌、大腸癌、喉癌、口腔癌、需使用鼻胃管餵食狀態、癌症移轉、糖尿病、肌肉營養不良症、重症肌無力、脊髓灰質症（小兒麻痺）、全身性紅斑狼瘡、視網膜剝離、視神經病變、青光眼、白內障、細菌性腦膜炎、化學藥品腐蝕、痛風、僵直性脊椎炎、老化（視、聽力受損、下肢機能缺失等）

　　譬如被稱為「國民病」的糖尿病，嚴重程度甚至會造成失明、截肢，如果只投保中風與失智等特定傷病的險種，卻因為糖尿病而喪失

視力或截肢，這種重殘狀態是無法獲得任何保障。

　　因此正確的認知應該是，要用有限預算對抗各種殘廢風險，而不是將對抗範圍縮小到特定疾病造成的殘廢風險，就要優先考慮殘廢險與殘扶金。殘廢險與殘扶金是「只問結果、不問原因」，也就是不問造成殘廢的原因，而是按殘廢等級表理賠。

　　譬如中風，可能造成的殘廢狀態有：（1）植物人；（2）喪失言語或咀嚼機能；（3）兩肢以上運動或感覺障礙而無法自理日常生活；（4）一肢以上機能完全喪失。如果是第一～二種殘廢狀態，屬於 1 級殘，理賠比例為 100%；第三種殘廢狀態屬於 2 級殘，理賠比例 90%；第四種狀態屬於 6 級殘，理賠比例 50%。

　　譬如失智，在殘廢等級表中屬於「中樞神經系統機能障害」，看障害程度輕重，提供 40 ～ 100% 不等的理賠。若是「終身不能從事任何工作，經常需醫療護理或專人周密照顧者」，屬於 1 級殘，理賠 100%；若是「終身只能從事輕便工作者」，屬於 7 級殘，理賠 40%。

　　總結上述，會造成殘廢狀態的病症百百種，消費者不需要追逐各種針對病症所設計的專屬保單，建議針對殘廢風險對症下藥的殘廢險或殘扶金就好。

# 買保險，最怕「小三」來搗亂

在現代的婚姻關係中，「正宮」與「小三」難兩全，孰不知
買保險亦然。在有限預算下如何買對保險，既可買夠需要的
保障，也能避免「小三」來搗亂？這是有訣竅的唷！

台灣保戶平均擁有 2.2 張保單，年繳保費 10 ～ 20 萬元的家庭不
在少數，但是根據保險事業發展中心截至 2014 年底統計，台灣壽險
（死亡險）有效契約每件平均保額只有約 82 萬元，這筆身故保險金
大概只能用來支付喪葬開銷，餘錢根本無法保障家人。

為什麼保單買很多、保費也繳很多，身故保障卻是這麼少？歸根
究柢就是：保戶想要「保障」與「還本」兩者兼顧。保戶花錢買保險，
如果沒有發生萬一，保費變浪費，總是很心疼；如果能夠保障＋還本，
沒有事故、保險到期後還能領回保費，感覺比較划算。

但是預算有限時，如果兩者都想要，就會像是「正宮」與「小
三」，兩者都想同時擁有，往往是兩頭都落空。正確做法是，全力顧
好「正宮」，把保障買對、買夠，斷了對「小三」的懸念，即使沒發
生事故，也不要想再把保費拿回來。

只要抱持正確觀念：「用最少的預算、買最多的保障」、「不希
望發生的事，代價（保費）越少越好」，如此一來，日後就算保費拿

不回來，也不會心疼。預算有限時，想讓保障買到最大；或是只想用小錢、買到高保障，必須把握兩大原則：

### 原則 ❶：向保費領回型說 No

小張 30 歲，想買 500 萬元死亡保障，他有 3 個選項：（1）是「定期壽險」，保費約 16,000 元；（2）滿期一次領回的「儲蓄險」，保費暴增到 13 倍；（3）滿期後多次領回的「終身還本險」，保費高達 50 多倍。

小張對於「終身還本」這個概念很心動，業務員也說，「退休前分期領回，像是多加一份薪；退休後分期領回，就可以當做養老金」。但是 500 萬保額的年繳保費將近 90 萬元，小張根本付不起，怎麼辦呢？結果就是改買 50 萬元保額就好，保障與還本都要的結果，小張只幫全家買了一支「迷你傘」，忘記初衷是要幫家人買到 500 萬元的保障。

第一種選項：定期壽險，為什麼保費最便宜？因為它屬於單純的「死亡險」，是被保人死亡／全殘才領得到錢，因此是保障家人（受益人），只有純保障、沒有還本。

第二與第三種選項：儲蓄險與終身還本險，屬於「生死合險」，給付項目有身故保險金＋滿期保險金，保死也保生，若有萬一、家人可以領到身故保險金，沒有萬一、自己還能領回滿期保險金，保障＋還本二合一，好像很完美，代價是保費貴桑桑。

高保費、低保障的「元凶」，就是生死合險，也就是生存險＋死亡險的複合式險種，兩種險種都想要擁有，當然代價就會相當高。生

死合險的總繳保費與保額相當接近，失去小錢買高保額的本意。因為保險公司既要給付身故理賠金，又要預留滿期保險金，當然費率要訂很高。

於是生死合險會讓一般保戶面臨兩難：想要高保額，卻負擔不起高保費；改選可負擔的保費時，保額又只剩一點點。因此要避免高保費、低保障，就要避開生死合險。

怎麼知道是生死合險呢？凡是訴求「保障＋儲蓄、還本、養老」，保險期間有身故保障、保險期滿又能領回，就是所謂的「生死合險」，養老險、儲蓄險、還本險的架構都屬於生死合險。

當你對於「還本、保本、領回、增值」等字眼很心動時，就要警覺對「小三」心動，就會冷落正宮（保障、保額）。只有堅持「保費不領回、不訴求保本、不訴求還本」的純保險，才能小錢買到高保障。

預算有限時，想要小錢買到高保障，先選「消耗型」的險種就對了，也就是「保險到期、沒有發生事故，已經繳交的保費不會再領回來的」，消耗型險種＝純保障險種，純粹提供保障用的。

要記住：「拿不回來的保費，不是讓保險公司賺走了，而是自己平安無事，保費轉去幫助了其他保戶」，保險真諦是買到心安、全家平安就好。

## 原則 ❷：向終身型說 No

小張需要身故保障 500 萬元，如果選擇 20 年期繳的定期壽險，年繳保費 16,500 元；如果選擇終身壽險，年繳保費暴增為 15 萬元。30 歲男性，終身壽險費率約是定期壽險的 9 倍。

　　買身故保障的用意，是擔心早逝、準備太少、責任卻還未了，如果高堂已經天年、子女也已獨立，身故風險也就失去保障的意義了，所以身故保障應該是階段性功能，中年之後就可以功成身退，因此，主要用來提供身故保障的壽險，選擇定期型就好。

　　醫療險也是建議優先選擇定期型，保障範圍才能買到最大，等到中年後行有餘力，再加買終身型醫療險。總之，預算有限時，先把保障買夠，要堅決的對「小三」說不，先搞定保障，未來行有餘力再去買生死合險、或終身險。

## ｜ 保額相同，「生死合險」保費是「定期壽險」的 13~54 倍 ｜

單位：元

| 險種名稱 | 定期壽險（滿期一次領回） | 終身壽險 | 儲蓄險 | 終身還本險（滿期後每年領回 8 萬元） |
|---|---|---|---|---|
| 險種性質 | 死亡險 | 死亡險 | 生死合險 | 生死合險 |
| 年繳保費 | 16,550 | 150,000 | 220,000 | 879,500 |

說明：30 歲男性、保額 500 萬元、定期壽險與終身壽險繳費 20 年期。

# 追求最大保障之 ❶：向還本險說 No

> 坊間各種強調加設「還本」機制的保險多不勝數，甚至被包裝成「免費」的意象，但是免費的代價可能卻是「最貴」。

很多保戶知道保險的重要性，但更希望能夠「保費有去有回」、「儲蓄、保障都能兼顧」，因此不管是壽險、醫療險、意外險都紛紛加上「還本」的設計，也就是到期後還能領到「滿期保險金」，特別是還本型意外險，業者甚至包裝成「免費的意外險」。

因為保險到期後，沒有發生萬一的話，保費還能退還，感覺上這段期間的意外險保障，好像是免錢的，其實還本型意外險的真相是：「最貴的意外險」。

### 理由 ❶：保額被犧牲

大多數的還本意外險都是設計為終身型，少數設計為定期型。如果要買保額 500 萬元，前者年繳保費已近 20 萬元，後者年繳保費也要約 10 萬元（20 年期繳）。

500 萬元保額夠嗎？由於意外險是按殘廢等級表理賠，假設跑外務的小張發生嚴重車禍，必須截肢保命，一腿從髖關節以下鋸掉，小張從 500 萬元的意外險可以領到多少理賠呢？答案是 200 萬元。

　　因為小張的狀況屬於殘廢等級表中的 7 級殘：「一下肢髖、膝及足踝關節中，有二大關節永久喪失機能者」，理賠比例是 40%，斷腿的小張無法再從事原有的工作、甚至是大部分的工作，如果還要養家養房，200 萬元只是杯水車薪。

　　由於 2 ～ 11 級殘，都會按保額打折理賠，因此專家都會建議意外險保額要拉高。但是 500 萬元若加倍到 1 千萬元，終身型的還本意外險年繳保費近 40 萬元，定期型的還本意外險也要 20 萬元，這對很多家庭都是天文數字。

　　如果換成非還本型的意外險，買到 1 千萬元保額就是輕而易舉了。譬如某產險公司的定期型意外險，年繳保費就只要 7,200 元（如果是發生特定項目的意外，還有增額理賠，以及附加意外醫療）。

### 理由 ❷：排擠其他保障的預算

　　有的保戶就是不喜歡保費可能有去無回，就是要買還本型意外

| 保額相同，「還本型意外險」保費是「非還本意外險」的數十倍 |

單位：元

| 險種名稱 | 定期意外險 | 還本型定期意外險 | 還本型終身意外險 |
|---|---|---|---|
| 年繳保費 | 7,200 | 200,000 | 386,000 |

說明：
1. 男性，第一類職業，保額 1,000 萬。
2. 還本型定期意外險，20 年期滿退還總繳保費的 1.056 倍。
3. 還本型終身意外險，20 年滿期退還總繳保費的 1.02 倍。

險，但是不要忘了，人生有四大風險：早逝、重殘、重病、老年（詳見第 2 章「認識風險」篇的相關文章），意外險只防範到重殘，而且只限非疾病造成的重殘風險。

假設前例小張車禍原因不是因為意外，而是中風發作導致車禍，就無法從意外險領到一毛錢的理賠。這也是為何意外險只能當作防範重殘風險的其中一項工具，而不是唯一工具。（詳見第 5 章「買好保險」篇之「最便宜的意外險，投訴比例第二高」內容。）

而且還本型意外險雖然日後可以領回保費，但是在應付沉重的保費後，很難有餘力再將身故風險、疾病風險、老年風險等缺口補上。同樣的，其他類型的還本型險種，也是會排擠該險種無法保障到的風險。

### 理由 ❸：差額做定存，本利和比保費領回還多

假設小王每年有 20 萬元保險預算，但是他選擇非還本的定期意外險，保額買到 1 千萬元，年繳保費只要 7,200 元，每年都將差額 192,800 元（200,000 － 7,200 ＝ 192,800）拿去放定存。

目前 1 年期定存利率約 1.3%，1 年到期後將本利和＋每年差額的 192,800 元，再去續做一筆新的 1 年期定存，20 年下來可以領回約 454 萬元。如果當初是買還本型定期意外險，20 年後只能領回約 422 萬元（總繳保費 1.056 倍），同樣是買到 1 千萬元保障，非還本型乍看是保費領回 0，但是將差額挪去報酬最低的定存，總報酬比還本型領回的保費還多了 32 萬元，更不要說是其他更高報酬的投資。

這還只是用 1 年期定存利率 1.3% 去試算，如果是用 3 年期定存

利率 1.4% 試算，非還本型意外險＋差額做定存，會比還本型意外險領回保費多更多（詳見附表）。

單位：元

| 險種名稱 | 定期意外險 | 還本型定期意外險 |
|---|---|---|
| 年繳保費 | 7,200 | 200,000 |
| 總繳保費 | 144,000 | 4,000,000 |
| 保費領回 | 0 | 4,224,000 |
| 差額定存到期本利和 | 4,545,369 👍 | － |

說明：同樣買到 1 千萬保障，定期意外險將差額做定存，領回比還本型還多。

### 理由 ❹：提前解約傷本金

　　就算每年掏得出數十萬元保費去買還本意外險，也要考量日後若有資金需求，不只繳不出續期保費，甚至還要提前解約，這張保單不僅無法還「本」，還會傷本。以某張終身型還本意外險為例，在第五個保單年度末解約，解約金只能拿回約五成的已繳保費，第十五個保單年度末，解約金也還是不到已繳保費的六成。

　　上述理由 ❶ ～ ❹，不是只存在於還本型意外險，還本型醫療險、還本型壽險都一體適用。如果初衷是要用小錢買到最多保障，就要先向還本型險種說 No。

**還本型意外險，值得高危險職業族群考慮**

非還本意外險按職業類別有不同費率，還本型意外險則是不分職業類別、同一費率，第 5、6 級職業類別、甚至是原本會被拒保的職業族群，都能用較「非還本型意外險」更便宜的費率買到「還本型意外險」，因此還本型意外險值得高危險職業族群考慮。

# 追求最大保障之 ❷：向增額保單説 No

繼前一篇「追求最大保障之 1：向還本險説 No」所論述，
其實若要以有限預算買到最大保障，不只要跟「還本險」説
No，還建議先暫不考慮「增額型保單」。

「現在買 100 萬元保額的保單，由於物價年年漲，假設十幾年後
發生萬一，100 萬元的理賠金，一定無法應付當時的高物價，但是這
張保額可以年年增加的保單，就不用再擔心通膨了」，一位業務員如
此介紹增額型保單。

　　一般保單屬於保額平準型，也就是保額固定不變；增額型保單的
保額則是年年增加，設計原意是用來抵抗通膨，但是近年來被部分業
者包裝成多功能的工具，除了保障功能外，還可以儲蓄＋退休規劃＋
節稅。

　　由於本書主旨是「用有限預算買最大保障」，我們就先從保障角
度審視，為何增額型保單不利於小錢買到大保障。

## 理由 ❶：增額型保費比平準型貴

　　目前增額型保單的增額方式大致可分為單利增額、複利增額、繳
費期間增額、繳費期滿增額、依倍數表增額、依總繳保費倍數增額。

如果增額率超過通膨率，就不用擔心理賠金被通膨侵蝕，但是任何產品設計都是「有一得、就有一失」，增額機制是要付代價的，增額型保單比非增額型（平準型）保費貴上一大截。

以「OO 人壽好活利增額終身壽險」為例，30 歲、男性、如果要買保額 100 萬元，年繳保費高達 206,400 元（7 年期，給付項目包括：身故保險金或喪葬費用保險金、全殘保險金、2 ～ 6 級殘豁免保費、祝壽保險金、所繳保費加計利息退還）。

但若是改選一般壽險（非增額型、平準費率），同樣買 100 萬元保障，終身壽險年繳約 48,000 元、定期壽險年繳只要 2 千元出頭（10 年期繳）。這兩張保單因為是非增額、並且是單純的死亡險，當然比增額型險種便宜多多。

## ｜ 保額 100 萬元，非增額型保費之比較 ｜

單位：元

|  | 終身壽險（非增額） | 定期壽險（非增額） |
|---|---|---|
| 10 年期 | 48,090 | 2,190 |
| 15 年期 | 34,870 | 2,650 |
| 20 年期 | 25,820 | 3,260 |

說明：
1. 30 歲、男性、保額 100 萬元。
2. 定期壽險以台銀人壽不分紅定期壽險為例（身故保險金或喪葬費用保險金、全殘保險金）。
3. 終身壽險以台銀人壽新萬長終身壽險為例（身故保險金或喪葬費用保險金、全殘保險金、2 ～ 6 級殘豁免保費）。

　　增額型保單的增額幅度越高，保費也會越高，譬如繳費期間與繳費期滿都用複利增額的保單，保費會最貴。

　　以本文所舉的增額型與非增額型保單為例，同樣 100 萬元保額，非增額型的終身壽險保費是增額型終身壽險的 23%（48,090 元／206,400 元），非增額型的定期壽險甚至只要增額型終身壽險的 1% 多（2,190 元／206,400 元）。

　　差距如此懸殊，一則是增額與非增額的差距，二則是增額型還設計有「祝壽金」、「保費加計利息返還」等給付項目。要思考的是，增額型雖然保額會慢慢長大，但我們最需要的是現在的保障、明天的保障，而不是遙遠的未來，「因為明天與意外，誰也沒把握哪個會先來？」。

　　譬如 30 歲男性，要養房車、養妻小、養雙親，如果積蓄不多，身故／全殘保障可能要 1 千萬元才夠。20 年期繳的定期壽險，年繳保費約 3 萬多元；如果是選擇 6、7 年期繳的增額型終身壽險，保費暴增到 200 多萬元，顯然是天方夜譚。

　　在明天的保障都還買不夠的情況下，增額型的其他給付：110 歲才能領到的「祝壽金」、或是退還保費的設計，都無法滿足現在就需要的「小錢買大保障」。

　　增額型保單還會有一種話術：「增額終身壽險雖然保費比平準型終身壽險貴，但隨著保險期間增加，前者的保額和保價金會逐漸超過後者，期間越長、保價金的增加效果會越明顯」。即使如此，我們仍要要強調的是：小資家庭現在最需要的是「明天的最大保障」，而不是漫長歲月後保價金的增長。

**理由 ❷：階段性的保障需求**

　　人生在壯年與中年這兩階段，通常家計責任最重，需要的保障（保額）也最多；但是隨著子女長大、貸款也逐漸減少，保障需求應該跟著下降，尤其是身故保障工具可以「功成身退」了，但是增額型壽險的保額卻是持續上揚，不符合階段性需求的安排。

　　前述理由，說明增額型壽險不利於「小錢買高保障」。撇開純保障的需求，增額型壽險的增值性也值得深思。業界專家表示：「購買增額終身壽險的目的，比較重視的是繳費期滿後現金價值的增值，而不是為了保額」。

　　業務員會強調增額終身壽險的「保價金」會跟著「保額」複利增加而增加，隨著保價金的累積，可以當做退休工具、甚至是高資產族的節稅工具。以「XX 人壽好活利增額終身壽險」為例，該張保單是繳費 7 年期，繳費期間 7% 單利增額、繳費期滿 2.25% 複利增額。

　　用 25 歲男性試算，到第 20 個保單年度（44 歲）時，該年度末累積的保價金，年化報酬率只有 2.03%；即使保價金累積到 104 歲時，年化報酬率也只略升到 2.2%。2% 出頭的報酬率，抗通膨與累積資產的效果都很有限。

　　如果以投資角度看，2% 多的年化報酬率，還是長期犧牲資金變現性換來的（提早解約傷本），壯年時無法靠這項工具買到高保障，老年時得到的資產累積效果又有限，要靠增額終身壽險「進修、旅行、創業、退休、抗通膨」，有必要謹慎評估。

## | 增額終身壽險的年化報酬率 |

單位：元

| 保單年度 | 年齡 | 年度末身故保險金 | 年末保單現金價值 | 年化報酬率 |
|---|---|---|---|---|
| 20 | 44 | 201,350 | 201,350 | 2.03% |
| 30 | 54 | 251,350 | 251,350 | 2.1% |
| 40 | 64 | 314,210 | 314,210 | 2.15% |
| 80 | 104 | 764,840 | 764,840 | 2.2% |

# 開車上路的破產風險，
# 不能只靠強制責任險來保障

> 正所謂天有不測風雲，隨著台灣開車人口增加，行車糾紛越來越多，判賠金額也屢創新高，若你依舊只想依賴強制責任險來概括承受「行的安全」，就有可能會「步步驚心」了。

桃園一名國小老師開車將機車騎士撞成植物人，法院判決老師須賠償 2 千萬元；高雄一名貨車司機撞上停在路邊的法拉利車車尾，修車費近 112 萬元，法院判決貨車司機應負四成責任，須連帶賠償 41 萬餘元。

根據交通部統計，以 103 年為例，車輛肇事件數就有近三十萬件，平均每萬輛汽車就有約一百三十七件交通事故。事故有大有小，在重大車禍案件中，第三人體傷的平均判決金額約在 500 萬元。

500 萬元只是體傷平均值，如果被害人被撞成重殘，用長期看護費所計算出來的賠償金額就會很驚人。還有受害人如果是家計的主要負擔者，賠償金甚至會包括雙親與幼子的撫養費用；如果撞到的是營業用車，修車期間的營業損失，也會算在肇事者頭上。

### 致人傷害，可能被要求的賠償項目

❶ 被害人現行的收入，計算到法定的退休年齡。

❷ 增加生活上所必須，譬如裝義肢、請看護、額外的交通費用。

❸ 精神賠償及撫慰金。

❹ 事故造成財產上的損失。

❺ 其他。

　　2013 年間，台中還發生一起車禍，一名老翁駕車下中港交流道時，突然腳麻無法踩剎車，失控追撞前方五輛轎車，這五輛車中竟然就有三輛雙 B 和一輛保時捷，警方初估財損超過 300 萬元。

　　一般人買新車時，一定會想買「車體損失險」、「車對車碰撞損失險」、「車體竊盜險」等等，這些險種的保費合計數萬元跑不掉。但是有沒有想過，自己的愛車被撞或是被盜，損失最多就是這台愛車的價值，這些都是可承擔的風險。但是像前面幾個案例，撞到別的車子或人（駕駛、乘客、路人），損失可能就會難以承擔，民事、刑事官司加身，甚至是傾家蕩產。講的直白一點，開車上路的頻率越高，難以防範的破產風險就越高。

　　汽機車主或許會說：「不是有買強制第三人責任險嗎？」沒錯，但是強制第三人責任險（以下簡稱強制險）只是提供基本保障，車主仍然面臨很大的保障缺口。

**什麼是強制汽（機）車責任險？**

- 交通事故發生時，加害人常因逃避或無力賠償，而選擇肇逃，受害人權益嚴重受損。政府為了讓交通事故受害者，能夠迅速獲得基本保障，特別制定強制汽（機）車責任保險法。

- 只要有車籍資料、有發牌照的汽機車均需投保「強制責任保險」。投保後，只要是因為交通事故致受害人體傷、殘廢或死亡者，加害人不論有無過失，受害人都可以請求保險賠償。

- 而且受害人可跳過加害人，不必先與加害人和解，即可直接向保險公司申請理賠。由於強制險採「限額無過失責任」，所以理賠迅速。

| 汽車強制險 vs. 任意險的比較 |

| 比較項目 | | 汽車強制險 | 任意第三人責任險 |
|---|---|---|---|
| 投保責任 | | 政府強制投保 | 自由意願投保 |
| 傷害責任險 | 第三人體傷 | 每人限額 20 萬元 | 超出強制險額度部分，由保險公司依保險金額賠付 |
| | 第三人死亡 / 殘廢 | 每人限額 200 萬元 | |
| 財損責任險 | 第三人財物損失 | 未提供財損責任險，不理賠 | 依保險額度內賠付 |

　　強制險屬於政策性保險，強制汽機車主都要投保，但是只提供基本保障。保障內容只有對方的「人身損失」：受傷醫療、殘廢、死亡，不包括對方的財物損失，譬如修車費用，簡單講就是「只賠人、不賠車」。

　　而且「只賠人」的額度也很低，死亡、殘廢每人最高限額只有200萬元，體傷醫療限額20萬元。而一般車禍致死的和解金額約300～500萬元，高則上千萬元都有；如果是撞到截肢、半癱、全癱等重殘狀況，賠償金額就會是天文數字。

　　由於強制險保額少、且只賠人不賠車，汽機車主還是面臨兩個缺口：保額缺口＋財產損失缺口。因此強烈建議在強制險外，要另買「第三人責任險」，也就是任意險：隨個人意願自由加保的第三人責任險。

　　任意險包括了「傷害責任險」與「財損責任險」，對第三人有過失責任時，可以在強制險之外，賠償人身損失＋財物損失。而且跟「車體損失險」、「碰撞險」、「竊盜險」合計動輒數萬元相較，任意險保費只要數張「小朋友」，也就是年繳保費數千元。

　　譬如「每一個人體傷或死亡」保額250萬元＋「每一意外事故總額」保額2千5百萬元＋「每一意外事故財損」保額90萬元，年繳保費約2,500～3,000元。費率依車種、性別、年齡、違規肇事紀錄、酒駕紀錄而定。

　　特別是「每一意外事故總額」的高保額，提供相對安心的保障。譬如對方車上傷亡人數不只一人，或是撞斷外科醫生的手臂，天文數字的賠償金，就需要這項保額來應付了。

　　年繳數千元保費，換來相對足夠的保額，一旦發生萬一，就不用

氣急敗壞的忙著吵架、打架，甚至是動壞念頭先去脫產，而是讓「任意第三人責任險」幫你化解潛在的破產風險。

 **一般任意第三人責任險的理賠範圍**

❶　**體傷／死亡理賠範圍：**

急救或護送費用、醫療費用、必需費用，交通費用（受傷者在治療期間來往醫院所必需之實際交通費用）、看護費用（傷情嚴重、須有主治醫師認為必要之書面證明）、診斷書、證明書費用、喪葬費用及精神慰藉金、自療費用、其他體傷賠償（以第三人依法可請求賠償者為限）。

❷　**財損理賠範圍及方式：**

運費、修復費用、補償費用、其他財損賠償（以第三人依法可請求賠償者為限）。

# 出國急病代價大，
# 一旦買錯保險，想平安返家可難囉！

> 出門在外難免有所不便，意外險或許是必備險種，但你知道
> 即便是一次單純的出國旅行，準備保險也有許多技巧？尤其
> 是若臨時生病或發生意外，如何以最少的代價去換得最大保
> 障，箇中訣竅，請見分曉！

基隆一對夫妻到韓國旅行，妻子摔跤造成早產，住院與醫療費用總計 400 萬元，先生向外交部求助被拒，最後靠韓國大明星李英愛的愛心捐助 300 萬元，夫妻才能順利帶小孩回國。

新婚夫妻到奧地利度蜜月，新郎在飛機上突然中風，降落後緊急送到當地就醫，雖然即時挽回一命，但是醫療費用以及運送回台的龐大開銷至少上百萬元，家人根本無力負擔，最後是縣府、鄉公所、台灣的醫院與善心人士的共同協力，新郎才能順利返台就醫。

根據觀光局統計，102 年高達約 1,100 萬人出國，環境不熟、加上水土不服，出國發生意外或疾病的機率並不低，輕則急性腸胃炎、重則中風、心血管疾病。特別是長途飛行原本就易產生血栓，如果是到寒冷的高緯度國家，更容易誘發中風。

國人總是會用台灣健保印象去看待國外，以為國外就醫費用跟台

灣一樣低廉，其實先進國家譬如美、歐、日、韓、紐、澳，如果沒有買當地的保險，即使只是門診，帳單也會讓人昏倒。如果病情嚴重，要動用到有救助裝備與專業醫療團隊的 SOS 轉送專機，收費 300 萬元起跳，代價更驚人。

國外遇難，當然會想向外交部求助，但是外交部頂多提供代為聯繫親友等緊急服務，高額的醫療費用還是要靠自己，因為外交部也無權動用全體納稅義務人的錢，去繳付個人帳單。

| 擁有下列保險，出國期間仍會面臨的保障缺口 |

| 保險種類 | 保障缺口 |
|---|---|
| 健保 | 實際開銷超過健保局的「自墊醫療費用核退上限」越多，缺口越大。 |
| 醫療險 | 實際開銷超過理賠限額越多、缺口越大；或實際開銷不符保險理賠要件。 |
| 意外險 | 沒有「海外突發疾病附加條款」，無法保障海外突發疾病開銷。 |
| 旅行團責任險 | 保額低、且海外發病無保障。 |
| 刷卡贈送旅平險 | 通常未包含航程外的行程，也未包含意外醫療給付、突發疾病給付。 |
| 海外緊急急難救助 | 未提供「住院醫療費用」等負擔保障。 |

「在家千日好，出國時時難」，既然踏出國門，人身風險比在國內時還高，當然要提高警覺、小心防範。我們先來檢視既有的保障到底能不能派上用場？

### ❶：健保

　　健保有提供海外就醫、自墊醫療費用的核退，但是必須符合「緊急傷病、必須立即就醫」的要件。核退項目有門診、急診、住院，但是不包含病房差額、膳食費、掛號費等。而且是審查後限額核退，不是全額核退。

 **緊急傷病範圍**

詳細內容可到健保局官網瀏覽：

www.nhi.gov.tw →一般民眾→「自墊醫療費用核退」→「全民健保緊急傷病自墊醫療費用核退辦法」第三條

　　限額標準是參照國內醫學中心重症、輕症的平均統計，如果病況嚴重、或是當地的醫療費用水準偏高，核退金額就會低於實際開支。譬如當地住院病房費每日要2萬元，但是健保核退上限只有7千多元，光病房費就出現 12,000 元的缺口，如果加上醫藥費、診療費，缺口就會更大。

## │ 健保對國外或大陸地區自墊醫療費用核退上限 │

單位：元

| 類型 | 門診（每次） | 急診（每次） | 住院（每日） |
|------|------|------|------|
| 金額 | 1,976 | 3,483 | 7,597 |

說明：根據健保局 104.01~104.03 標準

### ❷：住院醫療險

　　住院醫療險顧名思義就是要住院，如果只有門診、急診、沒有住院，未提供相關給付的住院醫療險就幫不上忙。譬如美國光是門診費，如果沒有醫療保險，看個小病平均 100 美元、藥費通常也是 100 美元起跳。

　　就算有住院，住院醫療險也只能限額理賠，譬如實支實付型、每個單位 1 天賠 1 千元，日額給付 1 天 1 千元，住院 15 天理賠 15,000 元，碰到帳單幾十萬、上百萬元的狀況，就只是杯水車薪。

　　如果有投保重大疾病險呢？重疾險保障的重症項目有限、而且理賠標準很嚴，譬如中風，如果未達植物人狀態、一肢以上機能完全喪失等條件，也是無法申請理賠，但是在先進國家發生中風就醫，帳單肯定是百萬元起跳。

### ❸：意外險

　　意外險的保障涵蓋一整年，而且不分國內、國外，只要保戶因意

外死亡、殘廢，都會理賠，那麼只買意外險是否就能萬無一失呢？答案是 No。

首先只買意外險，如果沒有附加意外醫療附約，在海外因為意外而就醫，也無法獲得理賠；最重要的是，意外險的各種附約幾乎都不會有「突發疾病」這一項，而國外旅行最需要保障的就是「突發疾病」，這項保障只有旅平險才有。

| 旅平險 vs. 意外險比一比 |

| 險種 | 保障期間 | 保費 | 保障項目 |
|---|---|---|---|
| 意外險 | 1 年 | 以年計費，費率較低 | 意外身故殘廢、意外醫療 |
| 旅平險 | 旅遊期間（通常最多 180 天） | 以天計費，費率較高 | 意外身故殘廢、意外醫療、海外突發疾病、海外緊急救援服務、旅遊不便、第三人責任 |

❹：**團體責任險**

出國跟團不是也有送保險嗎？根據法令，旅行社必須投保責任險，但只是基本保障：意外死亡每人 200 萬元、意外醫療費每人 3 萬元，不僅保額低、而且要符合「意外」要件（如外來、突發、非疾病），如果是突發疾病，就完全沒保障了。

❺：**刷卡買機票、繳團費送的旅平險**

刷卡支付全額機票，或是 80% 以上的團費時，刷卡銀行會贈送

旅平險，難道也不夠用嗎？通常這種贈送的旅平險，只限定在搭乘飛機期間，頂多只延伸到搭機前、落地後的幾個小時，有些贈送的旅平險還會規定包機不含在其保障範圍內。

　　只有 VIP 客戶所贈送的旅平險，才會保障旅行全程。而且贈送的旅平險，保障範圍通常不包含突發疾病、或意外造成的醫療費用。

### ❻：現有保單提供的海外急難救助服務

　　很多壽險公司會提供「海外急難救助服務」，有的是旗下全部保單、有的是僅限部分保單，或是要達到一定保額、達到一定年繳保費水準，這種服務屬於「加值服務」、「無償服務」，保險公司會聲明：「必要時可修改或終止」。

　　那麼這項服務可以高枕無憂了嗎？以花費最驚人的「緊急醫療轉送」，某壽險公司負擔限額是「美金 5 萬元以內」，但是住院醫療費用、門診費用、救護車等開銷，就要由被保人自行負擔。

　　除了多達十三項的「除外不保事項」外，如果是到救助機構服務範圍不及的戰區或偏遠地區，也無法提供緊急救難服務。還有碰到罷工、恐怖行動、政變、暴動、群眾騷動、政治或行政干預、飛航限制、幅射能、及天災等不可抗力狀況，救助機構延誤或無法進行，也不能歸責於保險公司。譬如近年全球不斷發生的恐怖攻擊，就不在保障範圍內。

　　綜合上述，即使擁有一～六項的既有保障，出國旅行仍會暴露在高風險之下，用小錢單獨買一張旅行平安險仍有必要。

　　旅平險的主約，其實是一張只針對特定期間、特定區域的意外險

（台澎金馬以外地區），提供身故／殘廢理賠，產險、壽險公司都有販售。

可以附加多項條款，包括：「海外突發疾病健康保險附加條款」、「傷害醫療費用附加條款」、「緊急救援費用」、「個人賠償責任險」、「旅行不便險」等五項。基於「保大不保小」與「發生機率」等原則，建議優先考慮前三項。

因為像是行李延誤遺失、護照遺失等狀況，雖然會感到不便，但這是可以承擔的風險；還有不慎燒了居住旅館、打破貴重器物等，則是個人可以控制的風險。但是海外突發疾病、意外傷害、緊急救援，則會「動搖國本」。

以申根公約國為例（目前有二十六個歐洲國家），強制要求投保的旅平險，也是要求至少要涵蓋「海外突發疾病保險金」、「意外傷害醫療保險金」、「緊急救援費用」等三項。

就以「海外突發疾病附加條款」為例，保障範圍通常包含門診、急診、住院等醫療費用，但是有的旅平險只包含門診與住院，未包含急診。這項附加條款會有投保限額，譬如住院醫療限額不超過主約旅平險額度的 10%，因此主約額度要買夠，特別是到先進國家旅遊，主約額度至少 1 千萬元。不然就是要選有針對歐美紐澳日韓等國，理賠額度會提高倍數的險種。

通常主約保額 1 千萬元＋海外突發疾病住院保額 100 萬元、意外傷害醫療保額 100 萬元、緊急救援費用 150 萬元，10 天保費 1 千多元，用小錢就能買到旅途平安。

要提醒的是，「海外突發疾病」的定義：「……在出國前 90 天、

或 180 天內未曾接受過該項疾病的診斷、治療或用藥，且需即時在醫院或診所治療，才能避免損害身體健康的疾病」。簡單講，就是不能帶病投保。還有出國緊急分娩，很多保險也是無法獲得理賠，已經懷有身孕的準媽媽，必須格外謹慎。

# 從搖籃到搖椅，如何漸進買對保單？

> 人生 4 大風險：死、病、殘、老，如果能夠一次買齊相關保障，就能完全高枕無憂。但事實是：資源有限，只能先用來轉移眼前的風險、明天的風險，然後按著人生階段、身分的轉換，再逐步買到當時最需要的保障。

　　小嫻喜獲麟兒，老同學送上金鎖片、還有一張終身壽險的 DM，老同學說：「保險越早買越便宜」。現在買、大約是 30 歲時買的費率的一半，小嫻跟先生商量，「就當作我們送給小寶貝的人生禮物」。

　　小嫻以母愛為出發點，卻忽略最重要的原則：「買對保險、買對被保人」。小寶貝此時最需要的不是終身壽險，此時最需要壽險保障的應該是爸爸、不是小寶貝。我們應該按著人生階段，漸進式買對特定階段需要的保單。

### 成長期的子女：最需保障重殘風險

　　出社會前的成長期，不用扛負家計責任，但是若碰到重殘，會變成父母一生都難以卸下的重擔，因此成長期的主要保障需求是「殘」，預算有限的父母，只要幫小孩買「意外險」就好，而且是不還本、定期性的險種。

| 應納入人生各階段規劃的保單組合 |

| 時期 | 成長期 | 單身期 | 頂客期 | 滿巢期 | 空巢期 | 退休養老期 |
|---|---|---|---|---|---|---|
| 需求保障 | 殘 | 殘、病 | 死、殘、病 | 死、殘、病 | 殘、病 | 老 |
| 背景 | 從出生到入社會前，不用扛負家庭責任 | 社會新鮮人尚無沈重家庭責任，以自身安全與健康為考量 | 結婚後責任增加，包括養家、養房、養車 | 子女陸續出生，高堂雙親也逐漸老邁，家庭負擔最沈重 | 房貸費與教養費開始下降，但退休費與醫療費漸增 | 家庭重擔卸下，注重晚年生活的品質與尊嚴 |
| 基本險種 | · 意外險<br>· 殘廢險 or 殘扶金 | · 意外險<br>· 殘廢險 or 殘扶金<br>· 實支實付醫療險 | · 定期壽險<br>· 意外險<br>· 殘廢險 or 殘扶金<br>· 實支實付醫療險<br>· 重疾險 | · 定期壽險<br>· 意外險<br>· 殘廢險 or 殘扶金<br>· 實支實付醫療險<br>· 重疾險 | · 意外險<br>· 殘廢險 or 殘扶金<br>· 終身醫療險<br>· 重疾險 | · 即期年金險<br>· 終身醫療險 |

　　由於意外險只保障因為意外而造成的死亡與殘廢風險，但是相當多的殘障狀態是因為疾病而造成的，因此意外與疾病都會理賠的殘廢險或殘扶金，也應開始納入保單組合。（詳見第三章「買對保險」篇之《重殘風險，不能單靠一種保險支撐》一文。）

**單身新貴期：主要保障病、殘風險**

　　進社會後的單身期，如果父母尚未退休，自己也還沒有成家，不用扛負家庭責任，此時只需要保障自己的病、殘風險，因此意外險、

或殘廢險／殘扶金與實支實付醫療險是基本款。

## 頂客族階段：保障範圍需擴及到死、病、殘風險

　　頂客族（還沒有小孩的雙薪家庭），要開始扛負養家的責任，除了用意外險、殘廢險／殘扶金、實支實付醫療險預防「病」、「殘」風險外，還需要用定期壽險轉移「早逝」的風險。因為意外險理賠條件嚴格，只保障意外事故造成的身故風險，而壽險則是不限疾病或意外。

　　如果預算許可，可以開始考慮納入「重大疾病險」，一則是重大疾病有年輕化的趨勢，二則「住院醫療險」是有住院才有理賠，但是像中風、癱瘓、尿毒症、癌症等疾病，住院治療的期間有限，真正的經濟風險是在出院後的長期療養。

　　而重大疾病險是只要經過醫師診斷，符合重大疾病險所涵括的疾病項目，就能請領一次給付、或是多次給付，由病患自由決定這筆保險金是要用在生活費、看護費、或特殊醫療費。

## 滿巢期：責任最重、風險最高的階段

　　子女陸續出生成長，父母也已經退休，要養三代的「夾心族」，通常正在扛負房貸、或是房租，養家、養房、養車、養小、養老的責任全部加在經濟支柱上，是人生風險最高的時期。

　　因此除了靠定期壽險、意外險、殘廢險／殘扶金、實支實付醫療險、重大疾病險轉移病、殘、死的風險外，如果有房貸重擔，可以費率較低、或是總繳保費較省的 1 年期、分段式規畫、保額遞減型等定

期壽險，用來轉移房貸來不及償還的風險。（詳見第五章「買保好險」篇之關於保障身故風險的相關內容。）

## 空巢期：仍須防範病殘風險

　　空巢期時，子女逐漸成年、房貸也快清償完畢，家庭責任重擔減輕，死亡風險保障需求也跟著下降，定期壽險可以功成身退。同時定期型的醫療險也快滿期，如果預算已有餘裕，此時可以把握購買終身型醫療險的最後年齡期限，通常是 55 ～ 60 歲（視繳費年期而定）。

## 退休養老期：大敵是長壽風險

　　退休最怕老本花完了，日子卻還很長，此時可以將部分資金轉移到「即期年金險」，這種險種保證能夠「活到老、領到老」，而且不用擔心不肖子孫覬覦。

　　值得一提的是，目前業界有推出「統包式」的專案，訴求「一張保單，hold 住全部人生風險」，或是提供「意外、醫療、壽險、還本、安養的全方位保障」。用「經濟實惠」的預算，一次買足全部保障，這種統包式專案跟漸進式買保障相較，不是更省事嗎？

　　通常統包式的專案，囊括多種險種，似乎「死病殘老」四大風險通通搞定，但事實是：每項保障買到的保額都只是「點到為止」。譬如某專案試算男性 30 歲、每個單位年繳 17,000 元，乍看買到「意外身故、特定意外身故、意外殘廢、疾病身故、住院醫療、手術醫療、特定傷病、重大燒燙傷、老年長期看護醫療、祝壽金、生命末期提前給付、豁免保費」等多達 12 項的給付。

　　但是就以意外身故為例，保額只有 100 萬元；如果疾病身故，得到的理賠也只是「已繳保費加計利息退還」，無法滿足「用低保費換高額保障」的需求。其他像特定傷病或老年長期看護的理賠金也發揮不了太大作用。

　　而且統包式專案，等於是在年輕時提前去買中老年後才需要的保障，為了讓保費能夠負擔，年輕時需要的高保障相對縮水，失去小錢買到大保障的本意，因此漸進式的跟著人生階段買，保費負擔與足夠保障，才能同時兼顧。

# 拿保單來投資？
# 選「變額年金險」就對了

> 保障缺口若已經補齊，想用投資工具加速資產的累積，實現
> 人生各種夢想，除了直接投資股票、基金、房地產等工具外，
> 若考慮運用保單來投資的話，優先建議投資型保單中的「變
> 額年金險」。

　　一般說來，投資型保單分成 2 大類，（1）是壽險型，又包括「變
額壽險」、「變額萬能壽險」；（2）是年金險型，即「變額年金險」。
簡單拆解這兩類產品的架構，壽險型的投資型保單就是「一年期定期
壽險＋投資」；年金險型的投資型保單則是「遞延年金險＋投資」。
（見圖示）

**│ 投資型保單類型與架構 │**

| | | |
|---|---|---|
| **壽險型** | 變額壽險，變額萬能壽險 | →一年期定期壽險＋投資 |
| 投資型保單 | | |
| **年金險型** | 變額年金險 | →遞延年金＋投資 |

**如何分辨投資型保單？**

只要保單名稱上有「變額」二字，就是投資型保單，包括「變額」壽
險、「變額」萬能壽險、「變額」年金。而「變額」的意思，就是保
單的「帳戶價值」是變動的，是隨著保戶自己選擇標的的投資績效而
變動，不像傳統保單的帳戶價值績效是由保險公司負責。

保戶累積的投資績效會放在「分離帳戶」、「獨立帳戶」。雖然保戶
投入的資金，跟保險公司的帳戶分離、獨立，不受保險公司財務影響，
但是保戶投入的資金要盈虧自負。

　　壽險型的投資型保單主要分有以下二種：變額壽險與變額萬能壽
險，其中的變額萬能壽險可以依人生不同時期的責任變化，而靈活申
請調整保額、保費、繳費時間與提領的保單價值，因為很多項目都可
以隨客戶需求調整，符合保單「萬能」的想像，業者會用「一張保單、
活用一生」包裝變額萬能壽險。但是壽險型的投資型保單，會受到以
下幾種限制：

**投資虧損，保單可能失效**

　　變額（萬能）壽險的身故保障，要靠保戶繳交的危險保費去維持，

這筆費用是從保單帳戶價值去扣除，當帳戶價值剩餘的錢，不足以繳交危險保費，並且寬限期也過了，保單就會失效。

投資虧損、影響保障，因此建議兩者分開，彼此功能獨立，需要保障、直接買純保障型險種；保障買齊、買夠了，需要投資、直接買不含身故保障的「變額年金險」就好，兩者間劃設防火牆，才不會相互牽連。

## 費用多又雜，影響投資績效

壽險型的投資型保單，真正拿去投資的本金＝總繳保費－附加費用－危險保費－手續費－管理費，即使進場時正逢多頭格局，也選對連結的標的，但因為扣掉一堆費用後的剩餘本金有限，能夠享受到的獲利成果會很有限。

## 產品內容複雜難懂

壽險型的投資型保單，因為是定期壽險＋投資，等於同時要保障「死太早」與「活太長」，這兩者的需求其實是互斥的。由於內容過於複雜，專有名詞混亂，一種費用有好幾種名稱。

譬如目標保費、計畫保費、參考保費，其實都是指用來決定保額大小的費用；彈性保費、增額保費、超額保費、投資保費，則都是指用來投資的費用，同一定義有多種名稱，官方也未予以統一，保戶等於是鴨子聽雷，賺賠也搞不太清楚。

## 目標保費設下最低門檻

變額（萬能）壽險，買的是「1 年期定期壽險」，這種險種是採取「自然費率」，年輕時的自然費率，會較平準費率低很多，因此特別喜歡向年輕族群推銷。但是保險公司在經濟規模的考量下，會規定用來買 1 年期定期險種的最低繳費門檻，也就是會對「目標保費」設下最低門檻。

這個目標保費的最低門檻，卻會讓年輕保戶無法享受到一年期定期險種原有的保費便宜的優勢。譬如某家 1 年期定期壽險、30 歲男性、買 100 萬元保額，年繳 1,720 元。若用變額（萬能）壽險購買，100 萬元保額，目標保費可能最低要 2 千元、甚至是更高，而不是原來單獨買的 1,720 元。

因為壽險型的投資型保單有上述限制，如果考慮運用保單來投資的話，會優先建議年金險型的投資型保單，也就是「變額年金險」。此類險種沒有提供壽險的身故保障，也就沒有高附加費用與危險保費，在累積期時、也就是保單帳戶價值還沒有轉成年金給付前，等於是純投資工具。

特別適合的族群是：年輕、預算有限、已買夠壽險保障。因為保單帳戶價值需要靠長期投資去累積（通常規定年金累積期間至少 10 年），因此從年輕時開始投資才有可能看到成果。

而且預算有限的族群，也能做資產配置。因為直接透過銀行投資基金，扣一檔基金、每月起跳 3 千元；但是透過變額年金投資基金，扣十檔基金只要 5 千元。

**挑選變額年金險的參考重點**

**❶ 前收型勝過後收型**

買變額年金險最主要的費用成本就是附加費用（前置費用），大多是 3~4％，收取方式分成前收及後收，前收型的解約金低，後收型的解約金高。前收型雖然投資前先扣走一筆附加費用，但是每個月僅收取固定管理費（譬如 100 元 ~130 元）。

後收型雖然不用先扣附加費用，但是每月會收取一筆分銷費，而且是按「帳戶價值」的百分比收取，當帳戶價值累積越多，管理費收取的金額也越多，用相同金額、相同期間、相同報酬率情況下，長期投資之後，前收型累積的帳戶價值會勝過後收型。

**❷ 年金化時的預定利率**

某甲與某乙同年、同性別，但是投資不同公司的變額年金險，假設累積帳戶價值相同，也在同時間退休，開始要求用同樣條件轉成年金給付，某甲與某乙領到的年金可能會有落差，因為年金給付金額是按「累積期間屆滿當時的預定利率及年金生命表計算每年給付年金金額」。甲乙適用的年金生命表相同，但是兩家公司於累積期滿時報出來的「預定利率」可能互有高低，就會影響兩人領到的年金水準。

**❸ 更便利的操作機制**

變額年金險要長期投資，保險公司要能提供多項方便的機制，包括每季主動提供報表；容易查詢投資績效、贖回、設定停損（停利）；保戶資金暫時停泊的「貨幣帳戶」；方便轉換標的自動機制；資產配置的正確觀念與調整提醒等。

CH.4

# 買夠保險

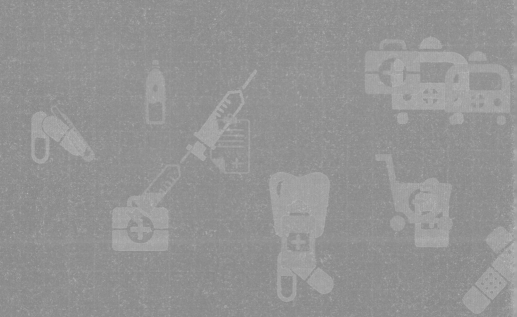

保險買太少、就像是用一把迷你傘，卻想讓全家對抗強風暴雨；

買太多、浪費有限資金，甚至耽誤、排擠了人生其他的夢想目標。

只有透過科學化的「需求分析」，也就是算出「已備保額」與「應

備保額」，才能知道真實的保障缺口。

找出「已備保額」的過程中，最重要的是效法倉管人員，盤點與

彙整自家的一疊保單，有了一張條列清楚的保單彙整表後，才能

徹底避免「買錯、買太少、買太多」的憾事。

還有不要忽略已經投保的「社會保險」，才不會低估「已備保額」。

本篇以勞保為例，教導如何計算勞保的相關給付：死亡給付、傷

病給付、失能給付、老年給付。 ♥

# Step ❶：
# 根據最需保障的風險，算出「應備保額」

> 買保險跟服藥的道理相同，藥量太少則無效，藥量太多讓身
> 體吃不消。保險買太少、發揮不了保障效果，就像只拿一支
> 小雨傘，就奢望能為全家人遮風擋雨；然而買太多、浪費有
> 限資金，甚至會耽誤、排擠了人生其他夢想與目標。

保險不是買越多、越安心，而是「保額」買夠就好。有的專家會
提供所謂的「雙十法則」，來評估適切的保險額度。但是雙十法則太
籠統，特別是「用家庭年收入的 10 倍去算合理保額」，既無法涵蓋
死殘病老個別的風險額度，也不是針對個別家庭量身精算，仍然會有
買太少、或是買太多的問題，只能當作簡單的參考。

**名詞解釋：雙十法則**

第一個「十」：保險額度不要超過家庭收入的 10 倍。

第二個「十」：家庭總保費支出不要超過家庭年收入的 10%。

那麼要如何知道自己、或是全家要買多少保額，才算是足夠？這
就要靠科學化的「需求分析」，也就是下列公式：已備保額－應備保

額＝保險缺口。

　　公式算出來的保險缺口遠小於 0（也就是負值），表示缺口很大、現有的保障不足；缺口趨近於 0，表示保險已經買夠了；缺口遠大於 0（也就是正值），表示保險買多了。

　　顯然要算出足夠保額，要找出「應備保額」與「已備保額」這兩項數字，本文先解釋如何算出家庭的「應備保額」。

## ｜ 列出自家需要保障的風險類別與保障額度 ｜

| | |
|---|---|
| 早逝 | 生活費 ×××萬元<br>房貸餘額 ×××萬元<br>教育費 ×××萬元<br>孝養費 ×××萬元<br>總計 ××××萬元 |
| 重殘 | 生活費 ×××萬元<br>房貸餘額 ×××萬元<br>教育費 ×××萬元<br>孝養費 ×××萬元<br>總計 ××××萬元 |
| 疾病 | 每日病房費 ×千元<br>每日看護費 ×千元<br>重大疾病 200 萬元 |

　　計算應備保額的邏輯與流程，主要是根據「人生責任與夢想藍圖」（請翻開本書 P.18），該圖中的 C 區塊，就是要讓家庭算出如果發生萬一、「沒時間」準備足夠因應的資產時，需要保障的風險類別與保險額度。接著按下列流程開始試算 C 區塊的應備保額。

**操作 ❶：列出目前最須保障的風險順序**

　　如果你目前是家計負擔者，離退休也還有一大段時間，眼前最需要保障的風險順序應該是：死→殘→病；如果目前是（1）中年接近退休，或是（2）獨身主義者，沒有妻小或高堂要養，最需要保障的風險順序應該是殘→病→老。將最擔心、最需要保障的風險排序後，就只需要試算相關風險的應備保額。

**操作 ❷：統計死亡風險的「應備保額」**

　　死亡風險是指，若家計負擔者身故，哪些必須開銷，會面臨無人扛負的窘境，譬如家庭生活費、子女教育費、房貸／房租、父母孝養費等。

　　後 3 項都會有明確數字，至於家庭生活費，如果平日有記帳習慣，就能掌握較接近真實的數字。家庭生活費較精準的算式＝全年基本生活費＋每年必繳的稅費、保險費－自己的年度開支（平時的生活費是家庭全員產生的開銷，自己若發生萬一，理論上應將自己平日開銷剔除）。

　　通常家庭生活費、父母孝養費、房租等，先抓 10 年（月費用×12×10），也就是若有萬一，讓家人至少有 10 年的餘裕應變；高等教育費會視國立、私立、國外進修而有不同，不妨先概估 100 ～ 200 萬元；房貸則是填上待償餘額。上述數字合計，就是死亡風險部分的「應備保額」。

　　目前很多家庭都是雙薪家庭，妻子也是家計負擔者，當然妻子的身故風險也需要保障。雙薪夫妻責任保額的計算，最簡單算法是夫妻

各佔總保額的 50%，或是按夫妻分工去細算出倆人須保障的風險範圍。

譬如先生平時負責眼前的必須開銷，包括基本生活費、父母孝養費、房貸（房租）；太太負責未來的必須開銷，包括子女高等教育費、退休生活費，就能分列出夫妻各自的應備保額。試算過程雖然有點繁瑣，但可以徹底解決「不知買多少才夠」的困擾。

### 操作 ❸：統計傷殘風險的應備保額

殘廢風險的應備保額，理論上應根據殘廢等級而定，因為輕度、中度殘廢，仍有機會重返原來的工作崗位、或是學習新技能，應備保額＝（原來的年度開銷＋復健支出）× 概估復健年數或重新學習技能所需的年數。

若是重殘，不僅無法重新工作，甚至需要一筆長期看護支出，應備保額＝（原來的年度開銷＋長期看護支出）× 預估餘命。但是若不幸發生殘廢風險，我們也無法預估可能的殘廢等級，因此建議：傷殘風險應備保額 = 死亡風險保額缺口 ×2。

為什麼是傷殘風險應備保額概抓為「死亡風險應備保額」的 2 倍呢？因為專門保障殘廢風險的意外險與殘廢險／殘扶金等險種，都是按殘廢等級理賠。譬如雙眼失明、理賠比例是保額的 100%；但是雙眼視力衰退到 0.1 以下，但還不到失明的程度，就只有理賠 40%。

目前高度倚賴電腦作業的廣大上班族，如果視力衰退到 0.1 以下，不僅原有工作不保，甚至很多工作都無法勝任了，只有將傷殘保額先拉高，就算理賠時要打很多折扣，但因為保額已經加倍，不怕打折後的理賠大縮水，仍然可以填補經濟上的需求。

### 操作 ❹：統計疾病風險的應備保額

　　轉移疾病風險的主要險種有：住院醫療險、重大疾病險，行有餘力再考慮防癌險與長期看護險。住院醫療險主要有「實支實付型」與「日額給付型」，過去因為住院實際花費不多、且住院天數較不受限，保險公司多優先推薦日額型。

　　但是晚近因為健保吃緊，住院自費增加＋住院天數受限，實支型比日額型有利，因此實支實付型（目前純實支型較少，多是有日額選擇權的二擇一型）可以優先考慮。

　　實支實付型的保額計算，希望能含括以下三大項目：病房自費差額、自費藥材、看護費。目前健保給付的三人房很難排得到，雙人房或單人房必須自費差額，平均約抓每日 2 千元，預算較寬裕的話，才再考慮第二張實支實付型，用來支付自費藥材與看護費。（詳見第五章「買好保險」篇中，有關保障疾病風險的保單相關文字介紹）

　　「住院醫療險」，顧名思義是有住院才有理賠，但是像中風、癱瘓、尿毒症、癌症，住院期間有限，真正的經濟風險是在出院後的長期療養。而重大疾病險（以下簡稱重疾險）是只要經過醫師診斷，符合重大疾病險所涵括的疾病項目，就能請領一次給付、或是多次給付。

　　由病患自由決定這筆保險金是要用在生活費、看護費、或特殊醫療費。重疾險保額太低，發揮不了保障功能；保額太高，保費負擔不起，通常會以年度基本開銷的 3 ～ 5 倍作為保額，亦即理賠金可以讓被保人至少有 3 ～ 5 年安心養病的空間，或是先用保額 200 萬元概估，再視預算能力增減保額。而經過上述四個試算流程，就能精準抓出自家各類風險的「應備保額」。

# Step ❷：
# 彙整保單與資產，算出「已備保額」

> 算出應備保額後，接著整理自家的「已備保額」，才能掌握
> 兩者之間到底有沒有缺口。如果是從未買過保險的人，「已
> 備保額」是指已有的儲蓄＋投資，也就是已經累積的金融
> 資產。

如果已經有買保單的家庭，就要花點耐心算出已備保額，因為很多家庭把保單攤開來，可能要一張大餐桌才擺得下。但若是逐一檢視各張保單，可能很多都是所謂的「丁字褲保單」，也就是保費高、但是保額低，無法發揮保暖（保障）效果；或是相同的保障，卻買了又買，還是感覺買不夠。

有的業務員會以免費的「保單健診」服務，幫客戶整理保單、診斷保單，動機多是為了促銷新保單。只有親自不厭其煩地彙整自家的保單，才能知道到底買了哪些保單？買了多少保額？

就像倉管人員要實地進行庫存盤點，我們也有必要幫自家的一疊保單建立一張彙整表，有了一張條列清楚的保單彙整表後，才能徹底避免「買錯、買太少、買太多」的憾事。以下是建立保單匯整表的基本步驟：

### 步驟 ❶：將所有保單按被保人分類

按被保人分類，才能清楚知道有限的保費資源，是分配在哪些家庭成員身上？扛負家計者，擁有的保障是否足夠？買對保險、更重要的是要買對人，也就是「被保險人」。

### 步驟 ❷：按風險種類分類

每位被保人擁有的保單，再按風險項目分類，即表格第一欄：身故保障、傷殘保障、重大疾病保障、住院醫療保障、防癌保障、長期看護保障……，前四項保障是一般家庭的基本保障，第五項開始是進階保障，可以等到擁有相關保單時再建置。

### 步驟 ❸：列出保單主要內容

從表格第二欄開始，填上保單名稱、繳費年期、保額、保費，更詳細的做法是列出主／附約、投保日期等。其中最重要的內容是「保額」，通常壽險、意外險、重疾險等都能在保單第一頁（保單面頁）上清楚看到保險金額（保額）。

如果是增額型壽險，雖然未來保額會增加，但是我們需要的是「明天就能得到的保障」，如果是新買保單，就按各保單記載保額填入；如果已經買了好幾年，就按已經增加的現有保額填入。

如果是儲蓄險、養老險，在填寫保額時就能發現這種保單的保額低、但是保費卻相當高，這時就能理解什麼是「高保費、低保障」的保單了。

醫療險都是用計畫 A、B、或三單位等標示，在保單條款能查到

詳細的給付內容，譬如某住院醫療險的計畫 A，給付內容是「每日住院病房費 1 千元、加護病房費 1,500 元（限 7 天）、手術限額 3 萬元」。

## ｜ 家庭保單彙整簡表 ｜

| 風險分類 | Jack | | | | Rose | | | |
|---|---|---|---|---|---|---|---|---|
| | 保單名稱 | 年期 | 保額 | 保費 | 保單名稱 | 年期 | 保額 | 保費 |
| 身故保障 | XX 終身壽險 | 20 年 | 100 萬 | XXXXX | XX 終身壽險 | 20 年 | 200 萬 | XXXXX |
| | XX 定期壽險 | 10 年 | 100 萬 | XXXXX | － | － | － | － |
| | XX 養老險 | 6 年 | 50 萬 | XXXXX | XX 養老險 | 6 年 | 60 萬 | XXXXX |
| 合計 | | | 200 萬 | XXXXXX | | | 200 萬 | XXXXX |
| 傷殘保障 | XX 傷害險附約 | 1 | 200 萬 | XXXX | XX 傷害險附約 | 1 | 100 萬 | XXX |
| 合計 | | | 200 萬 | XXXX | | | 100 萬 | XXX |
| 醫療保障 | 終身日額型附約 | 20 年 | 1 千元 | XXXX | 健康險計畫 2 | 20 年 | 2 千元 | XXXX |
| 合計 | | | 1 千元 | XXXX | | | 2 千元 | XXXX |
| 重大疾病保障 | 重大疾病險附約 | 20 年 | 200 萬元 | XXXXX | － | － | － | － |
| 合計 | | | 200 萬元 | XXXXX | | | | |

## 步驟 ④：列出保單給付項目

上述三個步驟建立的簡表，已經可以清楚看出各張保單的「已備保額」，未來行有餘力，可以再進行第四個步驟，列出各項保障的詳細給付項目。這個步驟能夠清楚檢視某張保單到底提供哪些給付項

目？這些給付項目是否是華而不實？比較同類型保單，哪一張較貴、哪一張較便宜？只要將給付項目完全攤開，不靠保險業務員，自己就能進行基本的保單健診。

## ｜　各類保障的參考給付項目內容　｜

| 身故保障 | 壽險身故／全殘給付、壽險全殘扶助金、壽險失能豁免保費 |
|---|---|
| 意外保障 | 意外身故或全殘、意外殘廢保險金、意外殘廢扶助金、意外傷害醫療限額、意外住院每日給付、重大燒燙傷保險金、骨折醫療保險金、意外失能分期給付 |
| 傷殘保障 | 疾病意外殘廢一次給付、疾病意外殘廢扶助金、長期看護一次金、長期看護分期給付、失能一次金、失能分期給付 |
| 重大疾病保障 | 重大疾病一次金、重大疾病分期給付、特定傷病一次金、特定傷病分期給付 |
| 住院醫療保障 | 住院病房每日限額、出院療養金每日限額、醫療雜費補償、住院手術補償、門診手術補償、手術出院療養金、加護病房特別給付、燒燙傷病房特別給付、重大／特定手術補償、住院前後門診每次限額、附屬品費用每次給付、換算日額津貼每日 |
| 癌症保障 | 初次罹患癌症保險金、罹患原位癌保險金、癌症身故保險金、癌症照護分期給付、癌症住院醫療每日、癌症出院療養每日、癌症看護保險每日、癌症一般手術每次、癌症門診醫療每次、癌症放射線醫療每日、癌症化學治療每日、特定癌症手術另給付每次、癌症骨髓移植醫療、義乳重建手術每側、義肢裝設、義齒裝設 |

# Step ❸：
# 不要忘記將社會保險納入「已備保額」

在計算「已備保額」時，很多人會忽略已經投保的「社會保險」，以致低估「已備保額」。但是要提醒的是，社會保險只能提供最基本的保障。

社會保險是政府提供的基礎保障，譬如軍公教、勞工、農民、非就業國民等都已納入社會保險，本文以勞工保險為例，說明勞保有提供哪些基礎保障。就以死病殘老四大風險，勞保都有相關給付：死亡給付、傷病給付、失能給付、老年給付。而且勞保還可以分成「普通事故」與「職業災害」兩大類，如果勞工符合職業災害條件，給付金額較「普通事故」更優。

| 勞保相關給付項目 |

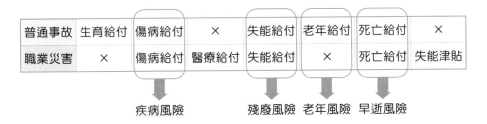

| 普通事故 | 生育給付 | 傷病給付 | × | 失能給付 | 老年給付 | 死亡給付 | × |
| --- | --- | --- | --- | --- | --- | --- | --- |
| 職業災害 | × | 傷病給付 | 醫療給付 | 失能給付 | × | 死亡給付 | 失能津貼 |

疾病風險　　殘廢風險　老年風險　早逝風險

### 勞保傷病給付

以傷病給付為例，職業傷害住院就較普通傷病住院的給付多，前者是：平均日投保薪資 × 給付日數 ×70%（第 1 年）；後者是：平均日投保薪資 × 給付日數 ×50%。（判別是否符合職業傷病資格的搜尋路徑：勞保局首頁→勞工保險→ 給付業務→傷病給付→相關規定：勞工保險被保險人因執行職務而致傷病審查準則）

我們試算高薪族與低薪族在普通傷病住院時，可以領到多少給付？張三勞保投保薪資已到最高等級 43,900 元，李四目前只有 25,200 元，兩人從住院第四天起每日可獲得的勞保傷病給付為：張三 43,900 ／ 30×50%=731 元；李四 25,200 ／ 30×50%=420 元。

可見勞保保投保薪資越高、保障越高，但是目前勞保投保薪資最高等級也只有 43,900 元，也就是勞工因為普通傷病住院每日獲得的最高傷病給付只有 731 元，大多數勞工頂多是 400 ～ 500 元。

這項傷病給付無法 cover 雙人病房健保差額動輒 2 ～ 3 千元的缺口，如果住院天數超出年假、病假等有薪假的上限，也無法貼補薪資損失。勞保傷病給付提供的是基礎保障，如果希望獲得較佳的住院品質，或是住院期間聘雇看護，就要靠商業保險補缺口。

### 勞保失能給付

失能、就是失去工作能力，勞保被保人不管是因為傷害、或是疾病，「經治療後，症狀固定，再行治療仍不能期待其治療效果，經全民健康保險特約醫院診斷為永久失能者」，可以申請一次金、或是年金，前者是一次給付、後者是分期給付。

### （1）失能一次金

經醫院診斷是永久失能，但是未達「終身無工作能力」者，得一次請領失能給付。給付金額主要是看「勞保失能給付項目之日數」，日數多寡則是按「各失能等級給付標準表」而定，分為 1 ～ 15 級，最嚴重的第 1 等級為 1,200 天。

可以領最多的第 1 等級，幾乎是要符合植物人狀態。以前面的高薪族張三與中低薪族李四為例，如果不幸符合第 1 等級，可以領到多少的失能一次金呢？張三 43,900 ／ 30×1,200=1,755,999 元；李四 25,200 ／ 30×1,200=1,008,000 元

但若是雙目失明、兩上肢肘關節以上殘缺者，都屬於第二等級，給付日數 1000 天；雙手十指均殘缺者，屬於第四等級，720 天。中風算很慘了吧，如果是一上肢或一下肢喪失機能者，只屬於第六等級，540 天，而且要治療一年以上才能認定。

由此可知，勞保失能一次金，高薪族碰到最慘的第一等級，最多理賠 175 萬多元，中低薪族只有 100 萬元出頭，這種給付要應付漫長重殘狀態期的經濟損失，只能算是杯水車薪。

### （2）失能年金

失能年金領取資格較失能一次金更嚴格，除了經醫院診斷是永久失能，必須經評估為終身無工作能力者，而且大多要經過相當時間治療認定。譬如精神失能需經治療 2 年以上；神經失能、胸腹部臟器遺存失能等，需經治療 6 個月以上，才能請領失能年金給付，認定條件相當嚴格。

假設高薪族張三與低薪族李四勞保年資都是 10 年，張三失能年

金為 43,900×10×1.55% =6,804 元；李四失能年金為 25,200×10×1.55% =3,906 元，因低於 4 千元，所以給予最低 4 千元。

　　由此可知，高薪資 × 高年資，失能年金才能發揮一定保障。但是目前勞保投保薪資的「天花板」就是 43,900 元，要提高失能年金要靠累積年資。但是我們無法預估會在低年資、或高年資期間發生意外，用平均值 15 年計算，高薪族的失能年金每月也只有 1 萬元出頭，很難只靠這筆給付去渡過漫長的失能歲月，因此需要殘廢相關的商業保險去補上缺口。

### 勞保身故給付

　　勞保的死亡給付有兩種，本人死亡給付與家屬死亡給付。以本人死亡給付而言，共有三種：喪葬津貼、遺屬年金、遺屬津貼（後兩者只能擇一請領）。

　　喪葬津貼是 5 個月的月投保薪資，等於拿來支付喪葬費支出；遺屬津貼與遺屬年金只能二擇一，也是與失能給付相同，就算是「高薪族＋高年資」，都只有象徵性保障。

　　如果是選擇領遺屬年金，要注意的是，不同身分的遺屬、有不同的請領條件，當遺屬一旦喪失資格條件，譬如因案被羈押、拘禁、失蹤、配偶再婚、子女已成年並未在學等，遺屬年金也會停止發放，雖然名為「年金」，並非保障遺屬「活到老、領到老」。

### 勞保老年給付

　　勞保老年給付分三種給付項目：（1）老年年金給付；（2）老年

一次金給付；（3）一次請領老年給付。但是在 97 年 12 月 31 日之前有勞保年資者，才能選擇一次請領老年給付。

在三種給付方式中，方式 2 的「一次金」最不利，與同樣都是領走一整筆的方式 3「一次請領」相較，兩者公式雖然相同：給付金額＝平均月投保薪資 × 給付月數，但是「一次金」的給付月數，年資 1 年，只換到給付月數 1 個月；「一次請領」的給付月數，前 15 年雖然也是年資 1 年，換到給付月數 1 個月，但是超過 15 年之後的年資，則能換到給付月數 2 個月。

98 年 1 月 1 日之後才開始加入勞保的勞工，只能在方式 1、2 間做選擇；98 年 1 月 1 日之前就有勞保年資者，如果符合方式 1、3，就能在兩種方式間做選擇。

假設高薪族張三，勞保年資累積到 25 年退休，可以選擇年金、或一次請領。

**年金計算方式：**

1.43,900×25×0.775％ +3,000 元 =11,505 元

2.43,900×25×1.55%=17,011 元

張三若選擇年金給付，用第二式算出的 17,011 元較有利。

**一次請領計算方式：**

43,900×（15 ＋ 10×2）=1,536,500 元

張三已經適用勞保最高薪資，除非繼續累積勞保年資，否則不管

是年金的每月 17,011 元，還是一次請領的 153 萬多元，對於老後生活的貼補都很有限。如果是低薪族，譬如李四若勞保薪資只有 25,200 元，同樣 25 年年資，年金只有 9,765 元，若選擇一次請領 88 萬多元，更是微薄。

　　勞工朋友的老年給付，除了「勞保老年給付」，還有「勞工退休金」，前者屬於社會保險、後者屬於企業保險。後者會因為個人的薪資成長率、退休金提撥率、個人退休金投資報酬率、勞退新制實施後累積的年資而定，總之，薪資有調漲、個人也有相對提撥、投資報酬率佳、年資累積足夠，勞工退休金才值得期待。

　　要提醒的是，並不是每一種風險都只能靠保險轉移，以老年風險而言，因為不是明天就會立刻變老，跟死病殘三者相較，老年風險有更多充裕的時間因應，可以靠儲蓄或投資去保障老後生活。

 **去哪裡試算自己的勞工退休金？**

勞保局首頁 www.bli.gov.tw →勞工退休金→個人專戶查詢及試算

| 高薪族與中低薪族的勞保保障 |

| 給付類型 | 給付方式 | 高薪族 - 張三 | 中低薪族 - 李四 |
|---|---|---|---|
| 傷病給付 | 普通傷病給付 | 43,900/30×50%=731 元／日 | 25200/30×50%=420 元／日 |
| 失能給付 | 失能一次金 | 43,900/30×1,200=1,755,999 元 | 25,200/30×1,200=1,008,000 元 |
| | 失能年金 | 43,900×10 年 ×1.55% = 6,804 元 | 25,200×10 年 ×1.55% = 3,906 元<br>3,906 元 <4000 元，給付 4000 元 |
| 身故給付 | 遺屬津貼 | 43,900×10 年 =439,000 | 25,200×10 年 =252,000 |
| | 遺屬年金 | 43,900×10 年 ×1.55% = 6,804 元 | 25,200×10 年 ×1.55% = 3,906 元 |
| 老年給付 | 老年年金 | 43,900×25 年 ×1.55%=17,011 | 25,200×25 年 ×1.55%=9,765 |
| | 一次請領 | 43,900×（15 ＋ 10×2）=1,536,500 元 | 25,200×（15 ＋ 10×2）=882,000 元 |

說明：
1. 失能給付是用傷殘最嚴重的第一等級試算。
2. 遺屬津貼與遺屬年金只能二擇一，遺屬年金是以「被保險人在保險有效期間死亡者」條件試算，假設累積勞保年資 10 年時身故。
3. 老年給付假設累積勞保年資都是 25 年。

| 勞保相關給付的給付資格與給付金額 |

<table>
<tr><td rowspan="2">傷病<br>給付</td><td>普通<br>傷病</td><td>・從住院第 4 天起給付（門診或在家療養不在給付範圍）<br>・每半個月給付一次，以 1 年為限（但傷病事故發生前，保險年資未滿 1 年者，則給付 6 個月為限）</td><td>平均日投保薪資 × 50% × 給付日數<br>（平均日投保薪資 = 傷病當月起的前六個月平均月投保薪資 /30）</td></tr>
<tr><td>職業<br>傷害</td><td>・因執行職務而致傷害或職業病不能工作，正在治療中者，自不能工作之第 4 日起，得請領職業傷病補償費。<br>・每半個月給付一次；若 1 年後尚未痊癒，給付金額減為平均月投保薪資的半數。前後合計共發給 2 年</td><td>第 1 年：平均日投保薪資 × 70% × 給付日數<br>第 2 年：平均日投保薪資 × 50% × 給付日數</td></tr>
<tr><td rowspan="2">失能<br>給付</td><td>失能<br>一次<br>金</td><td>經醫院診斷是永久失能，但未達「終身無工作能力」者</td><td>失能一次金 = 平均日投保薪資 × 勞保失能給付項目之日數<br>（「勞保失能給付項目之日數」是按「各失能等級給付標準表」而定，分為 1-15 級，最嚴重的第一等級為 1200 天，最輕微的第 15 等級為 45 天）。</td></tr>
<tr><td>失能<br>年金</td><td>經醫院診斷是永久失能，且經評估為終身無工作能力者</td><td>平均月投保薪資 × 年資 × 1.55%，最低會給予 4,000 元。<br>・另有符合資格之眷屬每名加給 25%，最多 50%。<br>・若為職災失能，則另加發 20 個月職業傷病失能補償一次金。</td></tr>
<tr><td rowspan="3">身故<br>給付</td><td>喪葬<br>津貼</td><td>被保險人在保險有效期間、因普通傷病或因職業傷害或罹患職業病死亡</td><td>身故當月前 6 個月的平均月投保薪資 ×5 個月。</td></tr>
<tr><td>遺屬<br>津貼</td><td>被保險人於 98 年 1 月 1 日前有保險年資者，並且有符合資格遺屬：配偶、子女及父母、祖父母或受被保險人生前扶養之孫子女及兄弟、姊妹者。</td><td>最高 60 個月之平均月投保薪資 × 合併的年資<br>・未滿 1 年發給 10 個月、未滿兩年發給 20 個月、滿兩年者發給 30 個月、職災者不論年資發給 40 個月。</td></tr>
<tr><td>遺屬<br>年金</td><td>1. 被保險人在保險有效期間死亡者；<br>2. 被保險人退保，於領取失能年金給付或老年年金給付期間死亡者；<br>3. 保險年資滿 15 年，並符合勞工保險條例第 58 條第 2 項各款所定請領老年給付資格，於未領取老年給付前死亡者。</td><td>最高 60 個月之平均月投保薪資 × 年資 ×1.55%，最低給付 3,000 元（不同資格、不同算式，以第一種條件為例）</td></tr>
</table>

| | | | |
|---|---|---|---|
| 老年給付 | 老年年金 | 1. 年滿 60 歲，保險年資合計滿 15 年，並辦理離職退保者。（請領年齡將自 107 年起開始提高）<br>2. 擔任具有危險、堅強體力等特殊性質之工作合計滿 15 年，年滿 55 歲，並辦理離職退保者。<br>3. 勞保年資未滿 15 年，但併計國民年金保險之年資滿 15 年，於年滿 65 歲時，得選擇請領勞保老年年金給付。 | 依下列 2 種方式擇優發給<br>1. 平均月投保薪資 × 年資 ×0.775％ +3,000 元<br>2. 平均月投保薪資 × 年資 ×1.55%。<br>・「平均月投保薪資」按加保期間最高 60 個月之月投保薪資平均計算。 |
| | 老年一次金 | 年滿 60 歲，保險年資合計未滿 15 年，並辦理離職退保者（請領年齡將自 107 年起開始提高） | 給付金額＝平均月投保薪資 × 給付月數。<br>・平均月投保薪資按加保期間最高 60 個月之月投保薪資平均計算。<br>・「給付月數」則是年資每滿一年以一個月計 |
| | 一次請領老年給付 | 被保險人於 98 年 1 月 1 日勞工保險條例施行前有保險年資者，於符合下列規定之一時，亦得選擇一次請領老年給付。<br>1. 參加保險之年資合計滿 1 年，年滿 60 歲或女性被保險人年滿 55 歲退職者。<br>2. 參加保險之年資合計滿 15 年，年滿 55 歲退職者。<br>3. 在同一投保單位參加保險之年資合計滿 25 年退職者。<br>4. 參加保險之年資合計滿 25 年，年滿 50 歲退職者。<br>5. 擔任具有危險、堅強體力等特殊性質之工作合計滿 5 年，年滿 55 歲退職者。<br>6. 轉投軍人保險、公教人員保險，符合勞工保險條例第 76 條保留勞保年資規定退職者。 | 給付金額＝平均月投保薪資 × 給付月數<br>・「平均月投保薪資」按退保當月起前 3 年之實際月投保薪資平均計算。<br>・給付月數計算，保險年資合計每滿 1 年，按其平均月投保薪資發給 1 個月；保險年資合計超過 15 年者，超過部分，每滿 1 年發給 2 個月，最高以 45 個月為限。 |

# Step ❹：
# 已備保額－應備保額＝保險缺口

> 試算至此，就能整理出自家的已備保額、應備保額，並且記得將已備保額納入現有儲蓄、投資現值。這項數字即使會隨著市況與淨值價格波動，但仍具有參考價值，假設今天就發生了萬一，該項金融資產即可變現，讓家人有所倚靠。

所謂投資現值，譬如有定時定額某檔基金，「投資現值」是指今天若全部贖回，按今日淨值 × 累積單位數，可以贖回的現金。

以 Jack 夫妻為例，身故保障的「應備保額」，是加總 10 年的父母孝養費、10 年的全家生活費、子女高等教育費、房貸待償餘額，共約 1,400 萬元。再按這對夫妻目前對家計扛負責任比重分配，由於 Jack 與 Rose 各約占 60%、40%，因此兩人的應備保額為 800 萬元與 600 萬元。

傷殘保障的「應備保額」，則是按身故保障應備保額 ×2，由於意外險、殘廢險／殘扶金等險種，是按殘廢等級表理賠，1 級殘才是理賠保額的 100%，如果是 2 ～ 11 級殘，則是按等級打折理賠，因此將傷殘保障額度提高，未來即使理賠打折，仍能讓家庭有能力應變。

| Jack 夫妻的保額缺口模擬試算表 |

單位：元

| 風險分類 | Jack | | | Rose | | |
|---|---|---|---|---|---|---|
| | 已備保額 | 應備保額 | 保額缺口 | 已備保額 | 應備保額 | 保額缺口 |
| 身故保障合計 | 300 萬 | 800 萬 | -500 萬 | 260 萬 | 600 萬 | -400 萬 |
| 傷殘保障合計 | 300 萬 | 1,600 萬 | -1,300 萬 | 100 萬 | 1200 萬 | -1,100 萬 |
| 醫療保障合計 | 1,500 | 3,000 | -1,500 | 2,500 | 3,000 | -500 |
| 重疾保障合計 | 200 萬 | 200 萬 | 0 | — | 200 萬 | 200 萬 |

　　將已備保額與應備保額都整理出來後，已備保額－應備保額，可以發現到 Jack 夫妻倆在身故保障、傷殘保障、醫療保障都出現負值，也就是有待補的保障缺口。

　　如果缺口很大、但是保單已經買一堆，已經無力再買新保單補缺口的話，該怎麼辦？在「實戰規畫」篇的「6個 Step，從現有保單中『擠』出預算」一文，將會教讀者按部就班在自己的保單組合中「找錢」。

　　如果每個擔心的風險都有缺口，該先補哪一個？由於死、殘風險明天就會發生，但是除非急症、疾病風險不會立即發生；並且已有全民健保提供第一層保障，因此建議先補身故與傷殘保障。

　　了解「買對保險」、「買夠保險」，接下來針對缺口類別，要如何「買好保險」呢？請見續篇。

CH.5

# 買好保險

依照認識風險→買對保險→買夠保險的順序，緊接著就是要教導讀者買到「好」的保單。

本篇按身故風險、殘廢風險、疾病風險、長壽風險，將相關的保單分類，方便讀者針對需要的保單類型，提供挑選重點。

保單其實無好壞之分，只有適合與否。由於本書主旨是「用較低保費、買到較高保障」，因此挑選各類保單的原則，也是由此出發。♥

# 終身壽險：買最低保額當主約

> 身故保障最主要的保險工具就是壽險。意外險（傷害險）雖然也有身故保險金，費率也最便宜，但因理賠條件嚴格，通常必須符合「意外」三要件才能成立。

以衛福部於 103 年統計數據為例，事故傷害致死人數占總死亡人數比例僅有 4.3%，其餘幾乎是以疾病致死為主。既然主要死亡原因是疾病，即使意外險保費最便宜，由於只能保障意外事故致死的範圍（4.3%），顯然不能當作身故保障的主要工具，而要再找一個不限疾病或意外都理賠的工具，答案就是壽險。

壽險因為保障期間的長短又分為定期壽險與終身壽險，後者可以保障終身，但是若以有限預算追求最大保障的前提下，應以定期壽險為主角、終身壽險當配角。

### 理由 ❶：身故保障只有階段性需求

讀者在第四章「買夠保險」篇中，已經了解身故保障的保額計算＝家庭生活費＋子女高等教育費＋房貸／房租＋父母孝養費，通常身故保障的合理保額應該像是拋物線，兩端低、中間高。因為中年時要養三代、責任最重，隨著空巢期來臨、房貸還完、雙親已享天年後，

扛負重擔逐漸減輕，身故保障的需求也隨之下降。

　　因此身故保障只有階段性需求，其實不需要終身性的需求，而定期壽險正符合階段性的需求。有人比喻：終身壽險是「買房子」，定期壽險是「租房子」。

　　終身壽險保戶繳保費就像繳房貸，終身都可以享受保障（終身都可以住在自己房子）；定期壽險繳保費就像繳租金，保險契約到期（租約到期），保障效力跟著結束（房客必須搬離）。

### 理由 ❷：終身壽險保費貴

　　終身壽險保費比定期壽險貴很多，而且越年輕、終身壽險與定期壽險的費率差異越大。25 歲男性，終身壽險是定期壽險費率的 10 倍；30 歲時，也高達近 8 倍。30 歲男性，年繳 32,000 元，可以買到 1 千萬元定期壽險；但是只能買到 100 多萬元的終身壽險，如果要追求「小錢買大保障」，應該用定期壽險當身故保障的主角。

　　但是我們仍然需要至少一張的終身壽險做為主約。保險契約（保單）有兩種：主約與附約，主約是指可以單獨購買、出單的契約，附約是指不能單獨購買、出單的契約，必須購買主約後，才能將附約附加在主約之下。

　　需要終身壽險當主約的目的，是為了附加附約。雖然很多類型的保單都可以當主約，但是其中以終身壽險附加的保單數量與種類最多，譬如可附加定期壽險、住院醫療險、癌症險、重大疾病險、意外傷害險、意外傷害醫療險、失能險等附約。

　　而且若用定期壽險當主約，早期很多保險公司會有很多限制，譬

身故風險

## | 越年輕，終身壽險保費較定期壽險越貴 |

單位：元

| 年齡（歲） | 25 | 30 | 35 | 40 | 45 | 50 |
|---|---|---|---|---|---|---|
| A 定期壽險（20 年期年繳保費） | 2,310 | 3,260 | 4,780 | 7,140 | 10,800 | 16,510 |
| B 終身壽險（20 年期繳年繳保費） | 23,400 | 25,820 | 28,560 | 32,510 | 36,810 | 41,350 |
| B／A 倍數 | 10.1 倍 | 7.9 倍 | 5.9 倍 | 4.6 倍 | 3.4 倍 | 2.5 倍 |

說明：
1. 上述試算以「台銀人壽不分紅定期壽險」、「台銀人壽新萬長終身壽險」
2. 男性、100 萬元保額。

如不准附加終身型附約、不得附加特定的附約等。不過要注意的是，終身壽險雖然可以允許附加最多的附約，而且可以附加終身型附約，但是有些險種不適合用附約去買，譬如定期壽險。

因為背負房貸的一般家庭，試算出來的身故保障需求可能到 1 千萬元之譜，但是保險公司通常會要求定期壽險附約的最高保額不能超過終身壽險主約保額的若干倍數。

譬如倍數 1：5，終身壽險保額 100 萬元，定期壽險附約最多只能買到 500 萬元，想要拉高定期壽險保額到 1 千萬元，就需要先拉高終身壽險保額到 200 萬元，由於終身壽險保費貴，會讓整體保費負擔暴增。

用終身壽險當主約，主要用來附加住院醫療險、重大疾病暨特定傷病險、殘扶險等險種，可以節省保費。譬如某甲 30 歲、男性，需要「實支實付型住院醫療險」，他有 2 種選擇方案。

身故風險

**A 方案：**○○人壽友我罩您實支實付醫療險主約。

・購買 1 單位、年繳 4,351 元。

**B 方案：**○○人壽新平準終身壽險主約＋新住院醫療定期健康險附約。

・終身壽險主約購買最低保額 10 萬元、年繳保費 3,010 元。

・健康險附約購買計畫 10、年繳 3,284 元。

　3,010 ＋ 3,284=6,294 元

乍看 A 方案比 B 方案便宜，但因為 B 方案是平準費率，繳費期間費率不變。但是 A 方案是 1 年期，45 歲以前的費率較 B 方案便宜，45 歲以後就超過 B 方案，而且越老越貴，到了 59 歲以後的年繳保費已經是 B 方案的 1 倍起跳。

## ｜ 實支實付型住院醫療險之兩種方案比較 ｜

單位：元

|  | 30-34 歲 | 35-39 歲 | 40-44 歲 | 45-49 歲 | 50-54 歲 | 55-59 歲 | 60-64 歲 | 65-69 歲 |
|---|---|---|---|---|---|---|---|---|
| A 方案 | 4,351 | 4,887 | 5,775 | 7,080 | 8,366 | 11,333 | 14,472 | 17,524 |
| B 方案 | 6,294 | | | | | | | |

說明：
A 方案：XX 人壽友我罩您實支實付醫療險主約，購買 1 單位。
B 方案：XX 人壽新平準終身壽險主約保額 10 萬元＋新住院醫療定期健康險附約購買計畫 10 萬元。

　　身故保障有階段性需求，中年以後保障需求下降；醫療保障剛好相反，中年以後需求上升。因此用最低保額的終身壽險當主約，附加醫療險、重疾險、殘扶險，可以小兵立大功。

　　終身壽險主約既然是用來掛附約，買最低保額就行了。由於每張保單都有一定的發單成本，各家公司都會訂最低額度，一般是 10 萬元起跳。只有碰到部分公司推出專案時，特定的終身壽險保額才會降到 1 萬元，不過同時也會限制所掛的附約只能是定期式險種，無法接受終身型附約。

# 定期壽險方案 ❶：
# 預算若吃緊，先選「1 年期」商品

> 想用有限預算、買到最多的身故保障，「定期壽險」是最佳
> 選擇。如果是期繳，選擇性更多，年期越長、保障時間越久、
> 費率當然越高。其中以 1 年期的保費最便宜，換言之，1 年
> 期定期壽險最符合「用最少預算，買最多壽險保障」。

## ｜ 定期壽險，年期越長、費率越高 ｜

單位：元

| | 1 年期 | 10 年期 | 20 年期 | 30 年期 |
|---|---|---|---|---|
| 年繳保費 | 11,700 | 15,850 | 19,400 | 23,900 |

說明：根據台銀人壽一年期
定期壽險、不分紅定期壽險
費率表，以 35 歲男性、購買
500 萬元保額為例。

同樣年齡 30 年期是
1 年期保費的 2 倍

## ｜ 1 年期定期壽險的年繳保費 ｜

單位：元

| 年齡 | 30 | 35 | 40 | 45 | 50 | 55 |
|---|---|---|---|---|---|---|
| 男性年繳保費 | 8,600 | 11,700 | 17,150 | 26,000 | 39,150 | 56,300 |
| 女性年繳保費 | 3,700 | 5,300 | 7,700 | 11,500 | 18,650 | 27,500 |

說明：500 萬元保額

　　很多人鍾情投資型保單，部分原因是「提供的壽險很便宜」，其實投資型保單所提供的壽險，就是 1 年期定期壽險，如果主要是衝著便宜壽險去買投資型保單，不如將保險與投資分開來，單獨去買一張 1 年期定期壽險。

　　想要用有限預算、買到最多的身故保障，就要鎖定「定期壽險」。定期壽險如果是期繳，有 1、5、10、15、20、30 年期等選擇，年期越長、保障時間越久、費率當然越高。最便宜的是 1 年期，因此 1 年期定期壽險最符合「用最少預算，買最多壽險保障」，如果是女性，費率還更低，只有男性費率的 4 成多。

　　除了費率便宜，保額可以彈性調整，也被認為是 1 年期定期壽險的優勢。由於人生責任重擔會有高低起伏，中長期型的定期壽險，想要跟著責任額起伏而去調整保額，只能採取「減額繳清」或是「部分解約」，都要付出一定的調整成本。相較 1 年期定期壽險，符合保險公司規定，只要在下一年度減少保額、不低於最低承保額度；或是增加保額、仍在免體檢範圍內，保戶不用額外負擔調整成本。

　　但是 1 年期定期壽險的契約期只有 1 年，第 2 年被「拒絕續保」怎麼辦？消費者應選擇「保證續保」的保單，也就是條款中有載明：「要保人得於滿期的兩周前，不具被保人可保性證明，向本公司申請續保」，只要在期限前提出申請，免體檢就能續保，通常該類保單的最高續保年齡可到 80 ～ 95 歲。

　　令人好奇的是，這種「俗又大碗」的純保障保單，為何業務員很少主動推銷？有上架的保險公司也是寥寥可數（譬如台銀人壽、南山、遠雄等），部分原因是這種保單對業務員來說「沒賺頭」。

身故風險

殘廢風險

疾病風險

長照風險

　　長年期的定期壽險或是終身壽險，初年度的佣金率高達 80 ～ 90%，但是這種超短年期的定期壽險，初年度佣金率一般只有20%（如果是 1 年期微型定期壽險，佣金率甚至是 0）。保費低、佣金率低，對大多數業務員來說，代表業績貢獻度低，當然較少主動推薦。

　　只是選擇 1 年期定期壽險當身故保障的主力時，有 2 個重點需要注意：

### 重點 ❶：附約可選擇性少

　　定期壽險要用主約形式購買，因為若用附約形式購買，保險公司通常規定定期壽險附約額度、不能超過終身壽險主約額度的若干倍數，買不夠、發揮不了保障效果；想提高、就要先提高終身壽險主約額度，保費將會暴增，因此建議定期壽險單獨用主約形式購買。

　　由於 1 年期定期壽險主約對公司利潤貢獻少，就不用期待這種主約提供的附約選擇性包山包海，通常這種保單只能附加少數險種，譬如意外險、意外醫療險、住院醫療險等，因此建議在 1 年期定期壽險之外，另外用最低保額的終身壽險當主約，將沒有附約延續權的其他附約（有延續權的附約，不會因為主約理賠後而失效），掛在終身壽險下面。

### 重點 ❷：只適合當作階段性的保障工具

　　中長年期壽險採取「平準費率」，即繳費期間費率相同；1 年期定期壽險採取「自然費率」，費率會隨著年齡增加而逐年上揚，也就是年齡愈長、保費會愈繳愈多。

　　如果用「保障倍數」角度來看，男性於 30 歲時投保，假設當年不幸身故，每 1 塊錢的保費可獲得 580 元理賠；但是到了 50 歲時才發生萬一的話，只能獲得 192 元理賠，保障倍數隨著年齡增加而下降。

　　再從「總繳保費」角度來看，某甲於 35 ～ 55 歲間，需要 500 萬元保障，如果選擇 1 年期定期壽險，20 年間總繳保費約 55.1 萬元；選擇 20 年期定期壽險的總繳保費約 47.8 萬元。「1 年期」較「20 年期」多繳了 7 萬多元，因為前者過了保險期間的一半時，年繳保費開始超越後者。

**｜ 與 20 年期定期壽險相較，1 年期定期壽險保費先低後高 ｜**

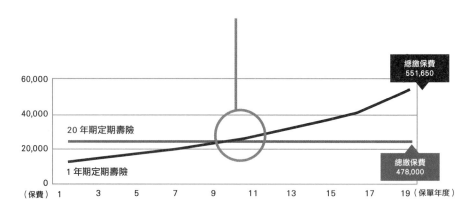

說明：以 35 歲男性、投保 500 萬元保額為例；分別試算「台銀人壽 1 年期定期壽險」與「台銀人壽不分紅定期壽險」

　　綜合上述，1 年期定期壽險特別適合預算能力有限、需要保障責任額卻很重的族群，可當成高責任期的階段性工具，譬如開始進入養房、養車、養老、養小的高責任期，用 1 年期定期壽險當身故保障主

力，用目前的繳費能力，去保障明天的風險（中短期的風險），等到負擔漸輕、費率也明顯變貴時，這項保障工具就可以功成身退。

 **與其買理賠從嚴的長看險，不如買『 1 年期』定期壽險**

壽險保單一定會有兩項基本給付：身故給付、全殘給付，因此保費便宜的「1 年期」定期壽險，也能成為保障「全殘」的主角。很多人會以為殘廢風險要靠長期看護險，但是長看險的理賠條件嚴格，譬如雙眼失明，可能就不符合部分長看險的理賠要件，因為並未「經常處於臥床狀態」，並且仍然可以自己進食、穿脫衣服、沐浴、排便、排尿。但是雙眼失明，就已經符合壽險定義的全殘條件，被保險人憑全殘診斷書，就能領到一次性理賠，不像多數長看險是「定期診斷、分次給付」，因此「1 年期」定期壽險可以當成保障全殘的主力。

**除了定期壽險，很多險種都有「 1 年期」商品**

除了定期壽險外，很多險種都有「1 年期」的期別產品，譬如住院醫療險、重大疾病險、防癌險等，想要用最少預算買到最大保障、明天的保障，都可以優先考慮「1 年期」險種。

# 定期壽險方案 ❷：
# 預算稍寬裕，採分段式規劃省更多

> 預算有限，但卻需要高額的身故（或全殘）保障，這時，「1
> 年期定期壽險」就是首選，也就是用「今天可以負擔的繳費
> 能力，保障未來 1 年的風險」，但是該險種的費率會隨著年
> 齡增加而遞增，因此只適合當成中短期的保障工具。

　　如果每年繳費預算能夠再放寬，接著可以考慮「分段式定期壽
險」，就是將身故保障總額拆開來，按不同的責任項目、與期待的保
障期間，選擇不同年期的定期壽險。

　　譬如某甲是 35 歲男性上班族，根據「需求分析」算出來的身故
保障缺口為 1 千萬元，這 1 千萬元總額的由來是：200 萬元教育金＋
200 萬元生活費＋ 600 萬元房貸餘額。

　　一般的做法是買一張保額 1 千萬元的定期壽險，但是分段式的規
劃，則是進一步確認各責任項目需要保障的期間，譬如某甲認為教育
金、生活費、房貸餘額各需要 10、15、20 年期的保障，因此分別規
劃一張 10、15、20 年期的定期壽險。

　　各責任項目的保障期間為何會有時間差？主要是某甲認為責任風
險的高峰特別集中在未來 10 年，而 3 張定期壽險保障年期重疊期間

身故風險

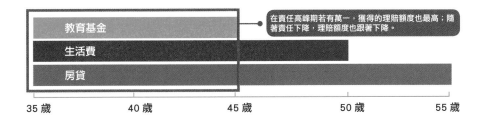

分段式規劃定期壽險保額示意圖

在責任高峰期若有萬一，獲得的理賠額度也最高；隨著責任下降，理賠額度也跟著下降。

教育基金

生活費

房貸

35 歲　　40 歲　　45 歲　　50 歲　　55 歲

也是集中在 35 ～ 45 歲這 10 年，如果這段期間有個萬一，家人可以獲得 3 張累計共 1 千萬元的身故理賠金。

如果 10 年後某甲仍然健在，由於所得會逐漸增加，已備資產也會跟著增加，可能 10 年後就已籌措到子女的高等教育費，因此原先設定專為教育金買的 10 年期定期壽險，可以功成身退。

15 年後如果沒有變故，原先專為生活費做準備的 15 年期定期壽險也能卸下任務，至於專為房貸餘額設計的 20 年期定期壽險，也是相同的思考邏輯。

分段式規劃與包裹式規劃（亦即只用一張保單、只有一種期間、承攬 1,000 萬總保額）相較，有甚麼好處呢？分段式規劃更貼近真實需求，按各責任項目的特定時間長度規劃，可以讓保費更花在刀口上。

以某甲為例，如果選擇「包裹式規劃」，譬如 1 年期定期壽險與 20 年期定期壽險，保額都是 1 千萬元，繳費年期也都是 20 年期，總繳保費各約為 121 萬元、100 萬元；但是分段式規劃，總繳保費不到

79 萬元，保障都有照顧到，但是總繳保費省更多。

　　因為定期壽險是「保障年期越短，費率越低」，將原本一張高費率的 20 年期保單，拆成 3 張：10、15、20 年期，其中的 10 年期、15 年期費率都較 20 年期低，自然能較原本只有一張長年期、高費率的規畫省更多了。

| 「分段式」規劃的總繳保費，比「包裹式」省更多 |

身故風險

單位：元

| 定期壽險年期 | 1 年期 | 20 年期 | 10 年期 | 15 年期 | 20 年期 |
|---|---|---|---|---|---|
| 投保方式 | 包裹式 | 包裹式 | 分段式 1 | 分段式 2 | 分段式 3 |
| 保額規劃 | 1,000 萬 | 1,000 萬 | 200 萬（教育金） | 200 萬（生活費） | 600 萬（房貸餘額 |
| 35 歲 | 23,400 | 47,800 | 6,320 | 7,760 | 28,680 |
| 36 歲 | 25,200 | 47,800 | 6,320 | 7,760 | 28,680 |
| 37 歲 | 27,500 | 47,800 | 6,320 | 7,760 | 28,680 |
| 38 歲 | 29,700 | 47,800 | 6,320 | 7,760 | 28,680 |
| 39 歲 | 31,800 | 47,800 | 6,320 | 7,760 | 28,680 |
| 40 歲 | 34,300 | 47,800 | 6,320 | 7,760 | 28,680 |
| 41 歲 | 37,000 | 47,800 | 6,320 | 7,760 | 28,680 |
| 42 歲 | 40,200 | 47,800 | 6,320 | 7,760 | 28,680 |
| 43 歲 | 43,800 | 47,800 | 6,320 | 7,760 | 28,680 |
| 44 歲 | 47,800 | 47,800 | 6,320 | 77,60 | 28,680 |
| 45 歲 | 52,000 | 47,800 | | 7,760 | 28,680 |
| 46 歲 | 56,600 | 47,800 | | 7,760 | 28,680 |
| 47 歲 | 61,400 | 47,800 | | 7,760 | 28,680 |
| 48 歲 | 66,800 | 47,800 | | 7,760 | 28,680 |
| 49 歲 | 72,600 | 47,800 | | 7,760 | 28,680 |
| 50 歲 | 78,300 | 47,800 | | 7,760 | 28,680 |
| 51 歲 | 84,200 | 47,800 | | | 28,680 |
| 52 歲 | 90,500 | 47,800 | | | 28,680 |
| 53 歲 | 96,800 | 47,800 | | | 28,680 |
| 54 歲 | 103,400 | 47,800 | | | 28,680 |
| 55 歲 | 112,600 | 47,800 | | | 28,680 |
| 小計 | 1,215,900 | 1,003,800 | 63,200 | 124,160 | 602,280 |
| 總計 | 1,215,900 | 1,003,800 | | | 789,640 |

分段式規劃

# 定期壽險方案 ❸：
# 房貸負擔重，選「遞減期繳」型

前述兩篇介紹用較小預算買定期壽險的方案：1 年期與分段式，前者期繳費率最低，後者總繳保費較省，還有沒有其他關於定期壽險的省錢方案？

　　一般說來，家庭死殘風險主要來自於房貸，動輒數百、上千萬元的房貸，家計負擔者一但重殘、早逝，房貸繳不出來，全家棲身之所可能就會被銀行收回拍賣，因此可以針對房貸找到專屬保障，也就是「保額遞減型定期壽險」。

　　除非有新的資金需求而進行的增貸，一般家庭的房貸餘額會越還越少，換句話說，針對房貸風險所買的定期壽險，保額也應該跟著房貸餘額逐漸下降，但是絕大多數保戶選擇的都是保額平準型，而非保額遞減型。

　　選擇保額遞減型有甚麼好處呢？答案是：保額遞減型的「年繳保費」與「總繳保費」都較保額平準型的定期壽險來得低。保額遞減型又可分成兩種繳費方式：期繳與躉繳，「期繳式」的保額遞減型費用，比保額平準型便宜約 4 成；「躉繳式」的保額遞減型費用，總繳費用甚至不到保額平準型的一半。

身
故
風
險

## ｜　4 種定期壽險，投保方式比較　｜

|  | 年繳保費 | 總繳保費 |
|---|---|---|
| 1 年期（註） | 11,700 | 325,050 |
| 15 年期保額平準型 | 19,400 | 291,000 |
| 15 年期保額遞減型（10 年期繳） | 17,500 | 175,000 |
| 15 年期保額遞減型（躉繳） | － | 138,350 |

說明：1 年期為自然費率，每年保費遞增；以 35 歲男性、保額 500 萬試算；保險年期均為 15 年。

　　過去的保額遞減型定期壽險，只能以躉繳方式繳費。由於新購房屋，自備款與裝潢款可能已經耗盡儲蓄，又要一次拿整筆保費買保險，可能心有餘力不足。後來金管會要求應有躉繳跟期繳兩種選擇。

　　如果要省總繳保費，躉繳當然比期繳更便宜，但是反而代價更高。假設老張買 20 年期保障，選擇期繳，第 2 年不幸身故，等於只用 1 年的保費代價就得到理賠；若是選擇躉繳，也是第 2 年身故，得到的理賠相同，但是老張已將後面 18 年的保費都已繳清，等於後面 18 年的保障是多買的，因此選躉繳、不如選期繳。至於挑選保額遞減型定期壽險，有以下幾項注意重點：

### 重點 ❶：保險年期 vs 繳費年期

　　保險公司雖然順應金管會規定，提供期繳與躉繳兩種繳款方式，但大多是「保險年期＞繳費年期」，少數像全球人壽，則是提供「保

險年期＝繳費年期」。譬如老張想買 10 年期的保障，少數有提供繳費 10 年期的費率，但是多數保險公司則只有提供繳費 5 年期或 6 年期的費率。

### 重點 ❷：給付內容

同樣是保額遞減型，為何費率差很大？同樣是 10 年繳的費率，富邦新安世代每萬元保額 38 元，全球新安家幸福則是 21 元，這就要進一步檢視給付內容。兩者都有身故／全殘保險金，但是前者多了「大眾運輸工具意外身故、重大燒燙傷、重大燒燙傷安養、遺族生活

### │ 保額遞減型定期壽險比較 │

單位：元

| | 國壽新幸福貸定期壽險 | 全球人壽新安家幸福遞減型定期壽險 | 富邦人壽好家在定期壽險 | 富邦人壽新安世代遞減型定期壽險 |
|---|---|---|---|---|
| 期繳費率 | 33 元／每萬元保額（6 年繳） | 21 元／每萬元保額（10 年繳） | 41 元／每萬元保額（5 年繳） | 38 元／每萬元保額（10 年繳） |
| 年繳保費 | 16,500 | 10,500 | 20,500 | 19,000 |
| 總繳保費 | 99,000 | 105,000 | 102,500 | 190,000 |
| 給付內容 | 身故、全殘保險金 | 身故、全殘保險金 | 身故、全殘保險金 | 重大燒燙傷、身故、大眾運輸工具意外身故、全殘、重大燒燙傷安養、遺族生活扶助保險 |

說明：35 歲、男性、保險年期 10 年、保額 500 萬元；實際內容以各家保單為準。

身故風險

扶助保險金」，因此保費貴了一截。

乍看前者將死殘風險都納入保障範圍，但是只集中在大眾運輸工具造成的意外身故、與重大燒燙傷，跟單純買一張意外險相較，保障範圍太偏限。建議還是優先選擇給付項目單純、費率較低的保單。

### 重點 ❸：不要只比費率、還要比理賠率

以 A 人壽的「貸貸幸福遞減型定期壽險」、與 B 人壽的「好家在定期壽險」為例，前者費率較後者便宜，但是進一步比較理賠比例，後者卻比前者高。假設老張 35 歲時投保，保額 500 萬元，45 歲時身故，如果是 A 公司保單可以理賠 285 萬元（500×0.57），如果是 B 公司保單可以理賠 294 萬元（500×0.5882）。

| 遞減型定期壽險比較 |

單位：元

| 保單名稱 | 年繳保費 | 理賠比例 | 理賠金額 |
|---|---|---|---|
| A 人壽貸貸幸福遞減型定期壽險 | 17,500 | 0.57 | 285 萬★ |
| B 人壽好家在定期壽險（遞減型） | 18,500 | 0.5882 | 294 萬 |

★ A 人壽貸貸幸福若為意外身故，另外多給付保額 10% 理賠金（50 萬元）。
說明：男性、35 歲時投保，保額 500 萬元，保險期間 20 年，繳費期間 15 年，假設 45 歲身故。

保額平準型保單的理賠比例是 1：1，也就是保額買 500 萬元、理賠時就領到 500 萬元；保額遞減型保單則是按「理賠比例」給付理賠金，隨著保單年度遞增，理賠比例隨之遞減。通常保險年期過一半

時，理賠比例也跟著打對折了

### 重點 ❹：房貸銀行也能買到便宜的房貸壽險專案

　　保額遞減型定期壽險，除了向壽險公司買，也可以透過房貸銀行買。有的銀行為了搶房貸戶，會推出「房貸＋壽險」的套裝專案，由於是以團險費率投保，保費當然更低。

### 重點 ❺：慎選保險年期

　　根據非正式統計，20 年期房貸，早期房貸戶平均只花 7 ～ 10 年就清償完畢。如果保險年期與繳費年期都是 15 年，但是第 10 年就還清房貸餘額，雖然需要保障的風險已經消除，但是保費還是要繼續繳，因此慎選保險年期較划算。

### 重點 ❻：不要用保額遞減型保單掛附約

　　保額遞減型定期壽險雖然都是主約，但並非主約都能允許掛附約，有的此類險種無法附加附約，而且有的附約也不宜掛在這種階段性功能的保單上。主約到期時、沒有附約延續權的附約也會跟著失效。因此，若有終身性保障需求的附約，建議還是要掛在終身壽險主約之下為宜。

# 定期壽險方案 ❹：
# 選擇「優體」保單，現省 3 成保費

> 過去保戶體況的分類只有「弱體」與「標準體」，弱體是指
> 身體健康有問題的保戶，保費會較貴甚至被拒保；標準體是
> 身體狀況正常的保戶；優體則是身體狀況比標準體更好。

　　如果你是「健康寶寶」，還有一種節省壽險保費的方案：優體保
單。其實在同樣年齡、性別、投保年期、給付內容的條件下，優體保
單費率比標準體便宜 2 ～ 3 成多。若跟「保額平準型定期壽險」相較，
優體保單便宜約 4 成；跟「保額遞減型定期壽險」相較，便宜近 2 成。

　　譬如同樣是「男性、35 歲、購買 20 年期定期壽險、保額 500 萬
元」，保額平準型定期壽險年繳保費 23,900 元（台銀人壽不分紅定
期壽險）。保額遞減型定期壽險年繳保費為 18,500 元（20 年期、15
年繳費的富邦人壽好家在定期壽險）。

　　但若符合優體保單條件，年繳保費只要 15,200 元（國壽活力優
定期壽險 1 級體位費率）。優體保單跟前 2 兩種類型保單相較，都便
宜一截。若以同一年齡費率相較，優體保單只輸給 1 年期定期壽險。

　　譬如台銀人壽 1 年期定期壽險，男性、35 歲時的年繳保費只有
11,700 元，但要注意的是，前篇有提過，1 年期定期壽險是採「自然

費率」，保費逐年上調。這張保單到 39 歲時，費率已經超過採取平準費率的優體保單：15,200 元，並且年齡越長越貴。

**┃ 各類型之定期壽險費率比較 ┃**

說明：以男性、35 歲、購買 20 年期定期壽險、保額 500 萬元為例

　　因此在前一篇「定期壽險方案 2：預算稍寬裕，採分段式規劃省更多」一文，被保人如果是不吸菸族、且體檢狀況良好，可以進一步考慮優體保單，保費可以省更多。

　　通常「優體」定義，是指「非吸菸標準體」，但是各家投保規定不盡相同，有的保單只限「非吸菸標準體」；有的保單會分成兩種費率：「非吸菸標準體」與「吸菸標準體」。總之，費率依體況分級，不吸煙、體況越好費率越低。譬如「非吸菸標準體」甚至只有「吸菸標準體」保費的 6 成。

　　但是保險公司會要求進行體檢與特別項目的檢測，譬如尼古丁含量、愛滋病、血壓、血脂肪、血糖、腎功能、肝功能等。「菸槍族」不要貪圖便宜、心存僥倖，若未據實告知吸煙史、吸菸現況、或其他足以影響承保費率的事實時，保險公司可以依法解約。

**｜ 優體定期壽險比一比 ｜**

單位：元

| | 國泰活力優 | 南山人壽優活 | 新光人壽優活力 |
|---|---|---|---|
| 給付項目 | 身故、全殘保險金 | 身故、全殘保險金 | 身故、全殘保險金 |
| 年繳保費 | 15,200 元（1 級費率） | 15,300 元<br>（非吸菸標準體費率） | 17,800 元<br>（非吸煙體費率） |
| 投保限額 | 500 萬～3,000 萬 | 500 萬～6,000 萬 | 300 萬～3,000 萬 |
| 保險年期 | 10 年、20 年 | 10 年、20 年 | 20 年 |

說明：35 歲，男性，500 萬保額，20 年期

# 選擇定期壽險，
# 比保費，更要比「給付內容」

> 了解定期壽險的4種購買策略後，接下來就是要挑選保單了。
> 保戶多半會認為保費越便宜越好，但是一分錢一分貨，還
> 是要看最適合自己的給付內容、給付方式、投保規則為佳。

## 重點 ❶：保證續保

租屋最怕合約到期想繼續住，房東卻不想續租，定期壽險也是。
當保險期滿、但是需要保障的風險卻仍然存在時，怎麼辦？如果再買
一張新保單，體況可能不如年輕時，費率會變貴。

如果有保證續保，這張定期壽險就能夠免附健康證明，請求繼續
提供保障。目前只有部分保單，才有提供保證續保。但是保證續保
滿期時的年齡，不得超過 75 或 80 歲，否則就跟終身壽險沒有甚麼差
別了。

## 重點 ❷：終身壽險轉換權

年輕租屋、壯年買屋，同樣的，年輕時買定期壽險，行有餘力後
可以負擔終身壽險時，如果保單有提供轉換終身壽險的權利，就能按
投保時的費率定價，只是要再補足期間的保價金。

　　這種轉換權，是否是保證轉換，也就是免體檢核保，則依各家條款內容而定。通常中長年期的定期壽險才有提供這種轉換彈性。

### 重點 ❸：身故給付內容

　　目前各家定期壽險的身故給付內容，分別有：「投保金額」、「投保金額＋已繳保費」、「投保金額＋已繳未到期保費」等，只有給付「投保金額」的保費，通常比另外 2 種來得低。

### 重點 ❹：殘廢生活扶助保險金

　　定期壽險給付項目的「基本款」是身故給付與全殘給付，但是有的定期壽險會再提供殘廢生活扶助金（簡稱殘扶金）。「天下沒有白吃的午餐」，有殘扶金的保費當然比一般基本款的貴了近 4 成，是否需要指定購買有殘扶金的定期壽險呢？這就要看保單提供的殘扶金保障範圍。

　　有的定期壽險殘扶金是只保障 1 ～ 3 級殘、有的是保障 1 ～ 6 級殘、有的甚至只限「意外造成」的 1 ～ 3 級殘，保障範圍越小，暴露的殘廢風險當然越大。譬如「一眼失明，另外一眼視力減退到 0.06 以下」，殘廢等級表中屬於 4 級殘，如果殘扶金只含括 1 ～ 3 級的話，這種殘廢風險就無法獲得保障，但是這種一眼失明、另一眼已極弱視的狀況，很多上班族已經無法勝任原有工作了。

　　還有一種狀況，「一上肢肩、肘及腕關節中，有二大關節以上缺失」，但若買的定期壽險殘扶金只有保障 1 ～ 6 級殘的話，還是無法獲得保障，因為這種斷臂狀況屬於 7 級殘。

目前能夠不限意外或疾病，保障到 1 ～ 11 級殘的險種，主要是殘廢險。因此是否值得付出較貴的保費買有殘扶金的定期壽險，主要是看能夠買到多大的殘廢保障而定。

有的保單針對 1 級殘、按保額 15% 給付，有的是按保額 20% 給付，都會影響到費率定價。而且殘扶金不是給付終身，給付期限通常是「按 10 年與約定應繳付但尚未到期的繳費年期，兩者取其大」。譬如某甲買 15 年期的定期壽險，第 3 年發生殘廢確診，給付期限則為 12 年（10 年與尚未到期的 12 年取其大）。

## 重點 ❺：殘廢豁免

老張中風導致全殘，雖然領到全殘保險金，但是終身無法工作的老張，每年還要繼續繳納到期前的保費，負擔仍然吃力，這時就需要殘廢豁免的功能了，因為殘廢豁免就是豁免剩下未繳的保費。原本這是另外付費的條款，現在保單設計成加送的內容，其實羊毛出在羊身上，有殘廢豁免的保費，當然也貴了一些。

# 殘廢風險支柱 ❶：意外險

> 人生最恐怖的風險莫過於發生意外變故，為了確保讓意外不再是意外，坊間各式意外險品項多不勝數，面對這些保單，我們應該怎麼挑？該跟壽險公司或是產險公司買？本文有詳細分析。

殘廢風險

　　重殘風險比身故風險還可怕，保障殘廢風險的主要保單是意外險（又稱為傷害險）。早期意外險的給付項目很陽春，就是只有身故保險金、殘廢保險金兩種，這兩項保險金都是不限海內外或特定場所，按保額給付。給付內容單純，各家費率差異不大，保戶也不用費心挑選。

　　由於這種陽春型意外險跟各類險種相較，費率最便宜，保險公司為了增加保費收入，晚近推出的意外險，增加一籮筐的給付項目。而且繼壽險公司之後，產險公司也開始大推意外險。意外險該怎麼挑？該跟壽險公司或是產險公司買？以下是評估重點。

## 重點 ❶：保障項目增加、保費也增加

　　目前意外險除了一般身故保險金、殘廢保險金，還會針對特定事故提供增額保障，例如天災（颱風、洪水、地震、土石流、閃電、雷

擊）、搭乘大眾運輸工具、搭乘電梯、重大燒燙傷、海外、假日、與配偶同一意外事故、全殘等，另外提供增額給付，或是提供看護費給付、每月生活照護金給付等。

給付項目大增，不僅增加保單比較的困難度，而且給付項目不是多多益善，「天下沒有白吃的午餐」，給付項目越多，當然保費也會跟著增加。意外險首重買夠一般身故保險金、殘廢保險金的保額，因為這兩種基本給付的保障範圍最廣，不限時間、地點、海內外。

其餘項目雖然會加倍給付，但是加倍付的保障範圍也大幅限縮，建議不要捨本逐末，去特別挑選增額給付項目。頂多是看個人職業型態、活動範圍、活動頻率去選有相關的加倍給付保單。

### 重點 ❷：自動續保 vs 保證續保

很多險種都有中長年期可以選擇，但意外險主要是 1 年期，特別是產險公司的意外險都是 1 年期，因此續保與否，就會成為保戶關注重點，而且所謂的續保又分為 2 種：「保證續保」、「自動續保」。

沒有續保機制的保單，保險公司每年都會新寄一份要保書給保戶，保戶簽名後寄回，才算完成續保動作。重新寄要保書，意味著保戶每年都要盡「健康告知」的義務，由於年紀漸長、體況也會變差，特別是糖尿病、高血壓等慢性病，可能會被要求加費、或甚至被拒保。「自動續保」是只要有按約定續繳保費（不管是透過刷卡、轉帳、持繳款單繳款等），保單效力就能持續，保戶不用「健康告知」，不用擔心因為體況變差而被拒保。

只是自動續保的保單，在保單條款上，保險公司仍然保有「不續

保」的權力。而且當某保單專案依法規停止銷售時，即使有自動續保的保單，也要下架，保險公司會請保戶改買給付內容相似的新保單，這時就會產生健康告知的風險。

「保證續保」的保單，即使保戶的體況變差、或有重大理賠紀錄、多次理賠紀錄，保險公司都不能拒保。而且只要保戶願意繼續繳費，不會發生因為舊保單下架、必須改買新保單的困擾。

### 重點 ❸：跟產險公司買 vs 跟壽險公司買

礙於法規限制，目前產險公司的意外險都沒有「保證續保」，壽險公司則標榜其意外險的最大賣點是「保證續保」，但要注意的是，並非所有壽險公司的意外險都是「保證續保」。

通常產險公司所出的意外險，主要給付項目是身故與殘廢保險金，保額 100 萬元，平均年繳 600 多元（職業第一～二類）。相同給付的壽險公司意外險，年繳保費則要 1 千元出頭，產險公司比壽險公司便宜約 3 ～ 4 成。

產險公司是用最低危險發生率計算保費，保費便宜，但也因此不保證續保。如果秉持「小預算買高保障」原則，應該優先考慮產險公司的意外險。

譬如同樣年繳預算 6 千元，小張向產險公司可買到 1 千萬元保額；小李向壽險公司只能買到約 550 萬元保額。假設兩人都發生重殘意外，按殘廢等級表理賠 70%，小張能領到 700 萬元，小李只能領到 385 萬元。

就算兩人後來又發生意外，殘廢等級已到 90%，小張可能因為重

大理賠紀錄後被拒保；小李可以繼續請求理賠，但是第二次的理賠金額為 550 萬元 ×（90% － 70%）＝ 110 萬元，而非 550 萬元 ×90% ＝ 495 萬元（須扣除第一次的理賠金）。

小李第一次領賠金 385 萬元＋第二次領賠金 110 萬元 =495 萬元，仍然比小張只有領一次的 700 萬元還少。因此即使再度發生重殘風險，壽險公司有保證續保，但也只是按差額比例理賠，還不如沒有保證續保的產險保單，可以在第一次就獲得高額理賠。

## 重點 ❹：職業等級影響保額與費率

其他險種多是用性別、年齡計費，但是意外險是按職業等級分類，共有六類與拒保類。第一～四類大致是按內勤行政、外勤業務、技術指導、現場操作而分，第五、六類則是高危險職業，至於拒保類則是指超級危險行業。

各職業等級會訂定投保上限，第一～二類上限 1 千萬元、第三類上限 500 萬、第四類上限 300 萬元。如果需求分析需要較高保額，但是職業分類又被限額，想要多家投保以拉高保額的話，保戶有告知義務。

保戶不要心存僥倖，因為保險同業公會有通報系統，一旦申請理賠，保險公司很快就能查出保戶是否多家投保，屆時就要小心保費白繳、理賠可能有爭議。

職業等級除了影響保額高低，也會影響費率，職業等級越高越貴，第六類已是第一類的 4.5 倍。由於第五～六類族群投保意外險，費率已經比相同保額的定期壽險貴，高危險職業保戶不如改保定期壽

險，還可以保障到非疾病造成的身故／重殘的風險。

　　要提醒的是，意外險可以理賠 1 ～ 11 級殘廢，但是定期壽險主要是保障全殘、或 1 ～ 3 級殘（殘扶金），這是意外險被當作保障殘廢風險的主要原因；而且高危險職業買定期壽險，也還是會被限額。

殘廢風險

# 最便宜的意外險，投訴比例第二高

> 同樣是身故保障，意外險費率相對便宜許多，也是一般人最常購買的第一張保單，但面對俗又大碗的意外險，更重要的應該是，徹底釐清意外險的理賠限制，才能輕鬆利用最低的保費買到最大的保障。

30 歲、男性，需要 500 萬元身故保障，如果選擇終身壽險年繳保費約 15 萬元（20 年期）；定期壽險年繳保費約 1.65 萬元（20 年期）；意外險年繳保費只要三千元出頭（產險出單、第一～二類職業）。

同樣是身故保障，意外險費率最便宜，而且便宜相當多，是很多保戶人生中購買的第一張保單，近年來也有業者專攻這塊市場。但是根據金融消費評議中心的統計，意外險的投訴比例卻是所有險種的第二高。

「每年只花幾張『小朋友』，就能買到千萬元保障」，俗又大碗的意外險，接受度很高，但更重要的是，要先了解意外險的理賠限制，才能真正用最低保費買到最多的殘廢保障。

### 限制 ❶：意外事故必須符合 3 要件

同樣是理賠一千萬元，意外險費率這麼低，業者如果不提高理賠

門檻、也就是嚴格定義意外事故原因,就會面臨很大的風險。保單條款中對於「意外傷害事故」的定義,是指「非由疾病所引起之外來突發事故」也就是要同時符合三項條件:外來、突發、非疾病,才能獲得保險給付,講白了,就是保障範圍受到很大的限縮。

譬如老王下樓時腳踩空,頭部朝下撞擊地面,造成顱內出血致死,事情來得太「意外」,子女去申請意外險理賠卻被拒絕。因為保險公司取得老王以往有心臟病就診的長期記錄,經過解剖,老王確實是因為下樓時心肌梗塞,才踩空摔死,也就是老王因為疾病而跌倒,並不符合意外險對於「非疾病」的定義。

還有像是彎腰抬重物、突然閃到腰,也無法取得意外醫療傷害的理賠。因為意外事故的定義之一:「外來」,必須是「非由身體內在因素而造成的傷害」。而扭傷、閃腰,是因為身體內在因素造成。

只有與外界有身體接觸而造成的撞傷、挫傷,才能順利申請意外醫療給付。還有登山猝死,要能證明是因為海拔改變、空氣稀薄等外來因素,不是因為中風等疾病,才能順利獲得意外險的理賠。

相較一般壽險的身故保險金(或全殘、喪葬保險金),只要不是少數特定狀況,譬如「要保人故意致被保人於死」、「被保人因犯罪處死,或越獄、拒捕而死或全殘」,保險公司都會給付,不論是因為疾病或意外。壽險保障範圍大,當然費率就會貴一大截。

## 限制 ❷:殘廢等級的認定差距很大

殘廢有輕度、中度、重度,要如何認定殘廢程度給予理賠金呢?主要是根據一張表:「殘廢等級表」,殘廢等級表共分為 1 ～ 11 級,

## ｜ 殘廢程度與保險金給付表（摘錄部分） ｜

| 項目 | | 項次 | 殘廢程度 | 殘廢等級 | 給付比例 |
|---|---|---|---|---|---|
| 1 神經 | 神經障害 | 1-1-1 | 中樞神經系統機能遺存極度障害，終身不能從事任何工作，經常需醫療護理或專人周密照護者 | 1 | 100% |
| | | 1-1-2 | 中樞神經系統機能之病變，致終身不能從事任何工作，日常生活需人扶助者 | 2 | 90% |
| | | 1-1-3 | 中樞神經系統機能遺存顯著障害，終身不能從事任何工作，且日常生活尚能自理者 | 3 | 80% |
| | | 1-1-4 | 中樞神經系統機能遺存顯著障害，終身祇能從事輕便工作者 | 7 | 40% |

有的「殘扶金」只保障 1 ～ 3 級或是 1 ～ 6 級；意外險可以保障 1 ～ 11 級，涵蓋殘廢等級最廣，因此被認為是保障殘廢風險的要角。

　　但是當意外事故發生時，被保人與保險公司對於殘廢等級的認知，落差會很大。譬如同樣是中樞神經系統受傷，如果屬於殘廢等級第一級，可以領到保額的 100% 的理賠金；如果是屬於第 7 級，就只能領到保額 40% 的理賠金。

　　因為中樞神經系統受傷，有的是「終身不能從事任何工作」、有的是「終身只能從事輕便工作」、有的是「日常生活需人扶助」、有的是「日常生活尚能自理」，都會影響殘廢等級認定與理賠多寡。

　　因此計算意外險的傷殘保額時，最好是按身故保額乘以 2，也就是至少用 2 倍的身故保額去買意外險保額，萬一發生半殘狀況，打折後的理賠金，仍能應付失去工作能力後的日子。

## 限制 ❸：職業變更要通知

　　意外險的費率是按職業等級計費，與年齡、性別無關。職業等級分為一～六類與拒保類，等級越低、費率越便宜。譬如一～二類費率只有三～四類的 6 成，因為第一類的內勤行政與第二類的外勤業務，發生意外的機率會較第三類的技術指導、與第四類的現場操作來得低，因此費率才會較便宜。

　　既然意外險是按職業等級計費，當被保險人的職業或職務有變更時，應即時以書面通知保險公司。如果新職業（務）所屬的職業等級下降，保險公司會自職業（務）變更之日起，按其差額比率退還未滿期保險費。反之，則會按差額比率增收未滿期保險費。

　　如果新職的等級是上升，卻沒有通知保險公司，一但發生保險事故，保險公司會按其原收保險費與應收保險費的比率折算保險金給付。譬如投保 1 千萬意外險，未及時通知職業職務變動，發生事故致死，假設新職的應收保費為 8 千元，原收保險費只有 6 千元，只能獲得 750 萬元的理賠（1,000 萬 ×6,000 ／ 8,000=7,500,000）。

## 限制 ❹：除外責任最多、最嚴

　　所有的保單都可以看到所謂的「除外責任」條款，也就是當發生了除外責任所涵蓋的事故時，保險公司可以不理賠。意外險費率便宜，當然除外責任的項目也較多。

　　意外險的除外責任包括：（1）要保人、被保險人的故意行為。（2）被保險人犯罪行為。（3）被保險人酒駕。（4）戰爭（不論宣戰與否）、內亂及其他類似的武裝變亂。（5）因原子或核子能裝置所引起的爆

炸、灼熱、輻射或污染。

　　譬如酒駕部分，「保險人飲酒後駕（騎）車，其吐氣或血液所含酒精成份超過道路交通法令規定標準者不予理賠。」目前酒駕的法規標準，是吐氣所含酒精成份超過每公升 0.25 毫克，或血液中酒精濃度超過 0.05%。當酒精成份超標、並且駕（騎）車肇事人是被保險人本人，即使發生死亡或傷殘，也無法獲得理賠。

　　還有像是自殺，壽險的除外責任對於被保人故意自殺或自殘，是無法獲得理賠，「但是自契約訂立或復效起 2 年後，故意自殺致死者，仍會負給付身故保險金的責任」。

　　而意外險的被保人，即使是契約成立 2 年後自殺，保險公司仍然可以拒絕給付身故保險金。因為在保險公司的認定中，自殺是可以抗拒的，只有「不可抗拒」的意外事故，才符合理賠要件。

　　由於意外險有這麼多限制，保險範圍狹隘，因此不能因為意外險保費便宜，就只靠意外險來保障全部的殘廢風險，建議在意外險之外，加購一張殘廢險／殘扶金，才能架設出範圍夠大的殘廢防護網。

# 殘廢風險支柱 ❷：殘廢險＋殘扶金

> 想要徹底避開殘廢風險，單靠意外險是絕對不夠的，這時，
> 殘廢險或殘廢生活扶助保險金（簡稱「殘扶金」）便可發揮
> 作用了。只是殘廢險種類名稱多樣，特別是綜合版的保單，
> 花樣更多。

　　「殘廢險」與「殘扶金」有甚麼不同呢？通常殘廢險是一次領、殘扶金是分期領；殘廢險保障範圍為殘廢等級 1 ～ 11 級，殘扶金保障範圍只有 1 ～ 3 級或 1 ～ 6 級，保障範圍較狹，因此殘扶金也比殘廢險便宜。

　　晚近業者又推出兩者的綜合版，就是同一張保單有「一次領＋分期領」。按 1 ～ 11 級殘廢等級與保額比例提供一次領，但若殘廢等級更嚴重，屬於 1 ～ 6 級者，則再提供分期領。綜合版推出後已漸漸成為主流，但是二種給付方式都想要，當然費率也更高。

　　由於險種名稱未必會出現「殘扶金」或「殘廢險」，特別是綜合版的保單，保單名稱甚至不會出現上述兩種字樣，因此讀者不要被險種字樣所拘泥，而是用「分期領」與「一次領」去找符合自己需求的保單。

## ｜ 殘扶金與殘廢險有何不同 ｜

| | 殘扶金 | 殘廢險 | 綜合版 |
|---|---|---|---|
| 給付方式 | 分期領 | 一次領 | 分期給付＋一次給付 |
| 保障範圍 | 1 ～ 6 級殘 | 1 ～ 11 級殘 | • 分期給付：只限殘廢等級 1 ～ 6 級<br>• 一次給付：按 1 ～ 11 級殘廢等級比例給付 |
| 費率高低 | 最低 | 中等 | 最高 |

### 重點 ❶：給付標準要廣

不管是殘扶金、殘廢險、或是綜合版，保戶要確認給付標準是「疾病或意外殘廢」。

因為給付標準若只限意外造成的殘廢、或是只限特定傷病造成的殘廢，理賠認定會太嚴格，也就是殘廢風險只保障到意外與特定傷病造成的殘廢，未保障到的殘廢風險缺口仍然很大。

### 重點 ❷：分期領的殘扶金，選壽險型不如選健康險型

目前壽險、意外險、健康險都有提供殘扶金，意外險型的殘扶金有理賠認定嚴格問題，壽險型的殘扶金則有保費偏高的疑慮。

因為壽險型殘扶金的理賠額度，受限於壽險額度，想要提高殘扶金的理賠，壽險額度必須先提高，於是保費跟著提高，等於是將身故保障與殘廢保障綁在一起。譬如保戶只需要 100 萬壽險保障＋ 500 萬殘廢保障，但是選擇壽險型殘扶金的情況下，為了買到 500 萬的殘扶金，如果要先買到 500 萬的壽險，無論是定期壽險、或是終身壽險，保費都會大增。

　　相較之下，健康險型的殘扶金，給付標準不限意外或疾病所造成的殘廢，又沒有壽險型額度被綁住的問題，費率也較壽險型便宜，值得優先考慮。

### 重點 ❸：分期領，也有保證給付設計

　　很多保戶對於分期領，會擔心領不到幾次，保單就到期了，有的保險公司提供保證給付一定期數，譬如 180 期（15 年）。譬如保 XX 人壽的殘廢照護久久附約，30 歲男性，選擇 30 年期繳費、保障 30 年，保額 24 萬元（即符合 1 ～ 6 級殘時，每年給付 24 萬元，等於每月給付 2 萬元），年繳保費 2,623 元。

　　既然是附約，也要將主約成本列入考慮，有的保險公司會要求主約最低保額為 30 萬元，有的只有 10 萬元，如果想要節省保費，保戶也可以在主約開始有保價金的年度申請主約「減額繳清」。但是要注意該附約的條款要有：「主契約變更為減額繳清保險時，本公司不得終止本附約」，才不會影響附約的效力。

### 重點 ❹：分期領的殘扶金，保障殘廢等級範圍要廣

　　分期領的殘扶金，有的只保障 1 ～ 3 級殘，這種保單的保障範圍太小，至少要 1 ～ 6 級殘。譬如以下 4 種狀況：（1）一目失明，他目視力減退至 0.06 以下；（2）兩上肢肩、肘及腕關節均永久遺存顯著運動障害」；（3）兩耳鼓膜全部缺損或聽覺機能喪失 90 分貝以上；（4）一上肢肩、肘及腕關節中，有二大關節以上缺失者。

　　當不幸發生上述四種殘廢狀態時，顯然都很難維持原有工作，但

是第一～二種屬於 4 級殘廢，第三～四種屬於 5 級殘廢，若買的殘扶金只保障 1 ～ 3 級殘廢，上述四種殘廢狀態就領不到任何理賠金了，因此殘扶金保障範圍至少要 1 ～ 6 級。

### 重點 ❺：與有身故保障相比，無身故保障的保費省一半

綜合版（一次領＋分期領）大多屬於終身型保單，而且大多有身故保障，包括退還總繳保費、或身故保險金。只有少數的終身型保單是純消耗型，也就是保費有去無回。

譬如新 O 長扶久久 A 型與 B 型，都是屬於終身型主約，都有提供一次領與分期領兩種給付，A 型身故會退還總繳保費的 1.06 倍，B 型則無任何退還。

但是以 30 歲男性為例，B 型保費只有 A 型的 52%，也就是說，同樣預算、B 型買到的保障比 A 型多一倍，若想小錢買大保障，應優先選無身故保障的保單。

### 重點 ❻：不要有主約保額限制

有些殘廢險附約會規定「保額不得超過單件主契約危險保額的投保金額」，譬如主約壽險保額 100 萬元，這張殘廢險附約保額就不能超過 100 萬元，如果想拉高附約保額，就要先把主約保額提高，保費也會大增。

但是有的殘廢險附約，就算主約是用最低保額投保，仍然允許附約保額可以直接拉到最高 500 萬元，如此才能避免主約牽制附約的困擾，用最少代價、買到足夠的殘廢風險保障。

**重點 ❼：預算吃緊，先挑定期型再選終身型**

　　定期型就像是租屋，終身型就像是買屋，租屋負擔雖然比買屋輕，但是租期終了、就要交出房子（保障結束）。因此年輕時先租、行有餘力再買。只是要注意的是，保險公司為了控制風險，對於終身型保單會採取有條件承保，譬如有體況限制，限健康體；或是有職業限制，只限第 1 ～ 4 類職業購買。

**重點 ❽：定期型要有保證續保**

　　如果是選定期型，特別是 1 年期，為了避免體況變差而被拒保風險，建議要找有「保證續保」的保單。保證續保的定義是，只要續繳保費，即使該附約日後停售，保險效力也不受影響；而且要有「附約延續權」，即使主約因為出險而失效，附約也不受影響。

**重點 ❾：一次領為主，分期領為輔**

　　由於一次領的殘廢險，殘廢保障範圍最廣（1 ～ 11 級），建議先規劃一次領的殘廢險。殘廢險最高保額通常最多 500 萬元，但是實際保障額度要打折，因為全殘才能領到最高保額，6 級殘只有理賠 50%，也就是殘廢險就算保額買到 500 萬元，實際保障最好只能算 250 萬元，其餘缺口再規劃分期領的殘扶金。

　　一次領與分期領的保險金，要能確保被保人家庭有能力長期應付看護費或家用，由於重殘狀態通常很難逆轉，殘廢發生後甚至會持續終生，根據勞委會的報告資料，職災造成的 1 級殘約存活 13 年，第 2、3 級殘平均約可存活 18 年，因此事故發生後，最好能持續保障 20 年。

殘廢風險

# 避免重複買，先釐清醫療險分類

> 跟其他醫療險的費率相較，傷害醫療險的費率雖然最便宜，
> 但卻無法保障非意外的醫療風險，而且理賠金額也很有限。
> 所以若不先徹底弄清楚，那麼你就可能會淪入總覺得買不齊
> 全、買不夠甚至重複買的窘境。建議按風險承擔能力、保障
> 範圍多寡、費率高低，決定購買的優先順序。

　　小張騎車摔傷，脊椎壓迫性骨折，住院手術灌「骨水泥」，荷包「噴」了快 10 萬元。出院後小張到某家大型壽險公司官網瀏覽健康險，竟然有二十多張，小張看得頭暈眼花，不知如何下手。

　　很多人是等到健康出問題了，才知道醫療險的重要。醫療險可分成 6 大主類，各主類因為給付方式、保障期間（定期、終身）、契約型態（主約、附約），又可分為幾十種次分類，難怪消費者會看得霧煞煞。

　　如果不先花點時間了解分類，就會永遠感覺買不全、買不夠、或是重複買。醫療險種類多、預算少，該怎麼辦？建議按風險承擔能力、保障範圍多寡、費率高低，決定購買的優先順序。

| 醫療險分類表 |

| 主分類 | 次分類 | 理賠條件 |
|---|---|---|
| 住院醫療險 | 純實支實付型 | 住院 |
| | 日額給付型（定期型） | 住院 |
| | 日額給付型（終身倍數） | 住院 |
| | 日額給付型（終身帳戶） | 住院 |
| | 二擇一型（混合型） | 住院 |
| 傷害醫療險 | 意外住院醫療 | 意外住院 |
| | 意外實支實付 | 意外門診、意外住院 |
| 防癌險 | 分次領 | 罹癌 |
| | 一次領 | 罹癌 |
| 重大疾病險 | 定期型、終身型 | 符合 7 項重疾 |
| 重大疾病暨特定傷病險 | 定期型、終身型 | 符合 15 項以上重疾與特定傷病 |
| 長期看護險 | 定期型、終身型 | 符合長期看護條件 |
| 手術險 | 定期型、終身型 | 住院手術、門診手術 |

疾病風險

### 防線 ❶：二擇一型住院醫療險

　　醫療險中花樣最多的是住院醫療險，住院醫療險可以先概分成兩種型態：實支實付（限額給付）與日額給付（定額給付）。實支實付，是指住院所產生的醫療費用（病房費、手術費、雜費等），都可憑診斷證明、收據正副本，在保額限度內請領理賠金；日額給付，則是依照住院天數 × 購買的保額（單位數），向保險公司請領理賠金。

　　以往業界偏好推銷日額型，因為早年住院實際花費不多，並且住院天數較不受限，如果選實支型、領不回多少理賠金，日額型可能還比實支型有利。但是近年住院的自費項目增加，健保新制下的住院天數也縮限，換成實支型的優勢抬頭。

　　但是單純的實支實付型已經很少，目前所謂的「實支型」其實多是「二擇一型、混合型」，也就是在保單或 DM 上可看到「擇優選擇日額給付或實支實付」的字樣，由於保戶可以選擇對自己最有利的給付方式，保費當然比純實支型貴一些。

　　而「日額型」也從原本只有「每日病房費用」等保險金的「基本款」，演化到「豪華款」，包含「門診手術醫療」、「住院前後門診」、「出院後療養金」、「加護病房醫療」、「燒燙傷中心醫療」、「老年住院關懷」等保險金。

　　日額型的豪華款，後來又因為有無身故保險金、以及有無還本設計，延伸出倍數型、倍數還本型、帳戶型（含壽險）、帳戶型（不含壽險）等 4 種類型。在這麼多種的住院醫療險中，預算有限的情況下，

**｜ 住院醫療險有哪些類型？ ｜**

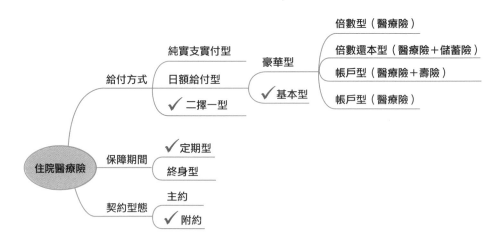

說明：預算有限者，優先考慮打勾勾的選項。

要選哪一種呢？答案是實支實付型（即目前的二擇一型）。因為基於「損害填補原則」，不管是因為疾病或意外，住院實際支付多少帳單，就在保額內申請理賠，當作第一道疾病風險的防線。

　　未來等防癌險、重疾險等防線也架起後，行有餘力再考慮日額型的基本款，用來補貼住院期間的工資損失、或看護費用。至於產品設計複雜、給付項目一籮筐的豪華款，由於保費是日額型基本款的 6、7 倍到 20 多倍，除非預算很寬裕，建議先當作參考就好。

### 防線 ❷：重大疾病暨特定傷病險

　　機器上了年紀，不時要進場大修；人近中年，罹患重大疾病的機率也跟著增加。重大疾病險包括心肌梗塞、冠狀動脈繞道手術、腦中風、尿毒症、癌症、癱瘓、重大器官移植等 7 項疾病。

　　像中風、癱瘓、尿毒症、癌症，住院期間有限，真正的經濟風險是在出院後的長期療養，這卻是住院醫療險無法涵蓋到的風險缺口。重大疾病險是只要經過醫師診斷，符合重大疾病險所涵括的疾病項目與條件，就能請領一次給付、或是多次給付，由病患自由決定這筆保險金是要用在生活費、看護費、或特殊醫療費。

　　特定傷病則進一步包括運動神經元（漸凍症）、阿茲海默症、帕金森氏症等多達 10 ～ 20 項疾病。近年罹患人數大增的失智症，就在特定傷病險的保障範圍內。因此接近中年，可以開始考慮建構起第二道防線。

疾病風險

## 防線 ❸：防癌險

有了住院醫療險，還有必要再買防癌險嗎？由於癌症是國人十大死因之首，特別是有家族癌症病史的保戶，有必要接著考慮防癌險。因為實支實付型的住院醫療險只能填補住院開銷，日額型的住院醫療險只能補貼工資或看護費，但是抗癌花費驚人，很多自費的標靶用藥，完整療程動輒上百萬元，特別是一次領的防癌險就能發揮價值。

也有保戶提出質疑：重大疾病險不是也包含癌症，買了重疾險、還需要防癌險嗎？

假設老張中風，重疾險出險理賠後就失效了，不幸後來又罹癌，原先買的重疾險就毫無保障；還有重疾險中的癌症定義，對於原位癌與部份癌症是不予理賠。

理解 3 道疾病風險的防線意義後，以下四項原則，協助保戶用較少預算、買到較多保障。

## 原則 ❶：先買定期險

醫療險也分為 1 年期、長年期、終身型，很多保戶擔心定期險只能保障到 75 歲，晚年反而得不到醫療保障，因此會急著先買終身型。但是就以 30 歲男性買住院醫療險為例，相似的給付內容，1 年期保費只有終身型的 1 成多。

而且 1 年期醫療險還可適用「從新從優原則」，以往法定傳染病屬於醫療險的「除外責任」，也就是可以不賠。但是 SARS 之後，政府規定法定傳染病也要納入保障範圍，已經銷售的中長年期醫療險，因為當時費率並未將此風險計算進去，可以不適用從新從優原則。但

是一年期醫療險是採取自然費率，每年、或每 5 年逐漸調高、就要理
賠法定傳染病，這也是一年期醫療險較具彈性的優勢。

　　不要忘了，我們光是疾病風險，需要建構的防線有好幾條，更不
要說是其他的身故風險、重殘風險、長壽風險等，因此年輕時先買定
期險，買到足夠保障；中年時再買終身險，也能避免太早買終身險，
反而無法應付日新月異的醫療新技術。

### 原則 ❷：不選含壽險、儲蓄險、還本險的醫療險

　　小錢買大保障，就要堅決的向壽險型、儲蓄險型、還本險型的醫
療險說「不」。只要是保單的給付項目內有「身故保險金」、「祝壽
保險金」、「所繳保費加計利息返還」等，都會讓醫療險的保費暴增，
結果不是只買到一把「迷你傘」，就是排擠到其他風險的預算。

### 原則 ❸：不選複合式醫療險

　　有的保單設計，將住院醫療險、防癌險、重疾險等全部「兜」在
一起賣，美其名是「關愛一生」，將原本是分批建立的防線，改成畢
其功於一役。但是費率拉高、預算無法跟著增高的結果，等於每一道
防線都很脆弱，無法買到足夠的保障，建議還是分批買、保額買夠，
才能發揮最大保障。

　　最後要提醒的是，並非所有的醫療風險都要用保險轉移，譬如重
大疾病暨特定傷病險、日額型住院醫療險。由於重大疾病與特定傷病
發生機率畢竟較低，至於住院期間的看護或工資損失，如果確認既有
儲蓄可以應付，或是家族有人力可以擔任住院看護者，就可以將預算

疾病風險

挪去保障更迫切的風險缺口，或是投資實現其他的人生夢想目標。

 **醫療險建議順序**

二擇一型（實支實付型）住院醫療險→重疾險→癌症險
★行有餘力才考慮「日額給付型住院醫療險」、長看險

 **長看險理賠嚴格、傷害醫療險保障範圍小**

**長期看護險**
由於長看險理賠嚴格、保費偏貴，預算有限時，可以靠「意外險＋殘廢險／殘扶金」的組合，防範須要長期看護的重殘風險。

**傷害醫療險**
在保險公司的「健康險」網頁是找不到「傷害醫療險」，要到「傷害險」網頁才找得到，因為傷害醫療險是附加在傷害險下的險種，不屬於健康險，而是歸類在傷害險、也就是所謂的意外險。

# 實支型醫療險（上）：
# 不是「實支」多少就賠多少

「住院醫療險」共有純實支型、日額型、二擇一型（混合型）3 種，保費最便宜的純實支型目前幾乎已是銷聲匿跡，而現今所謂實支實付型保單，其實是二擇一型（又稱為混合型），也就是除了實支實付保險金，甚至還額外提供「住院醫療日額保險金」的選擇。

　　王媽媽摔傷，膝蓋骨碎裂，住院 12 天，帳單 13 萬元。因為王媽媽的先生早逝，獨生子在國外工作，王媽媽只好聘僱全天候看護＋雙人房自負差額＋選用非健保給付的膝蓋骨鋼釘（王媽媽轉述醫生意見：健保給付的鋼釘，第 2 年需再手術拆釘，王媽媽因此選擇非健保給付的鋼釘），所以帳單費用可觀。

　　全民健保提供國民基本的醫療保障，先看病房部分，健保病房最少是三人以上的病房，問題是，就算能夠忍受多人房的噪音打擾，目前的健保房也是一床難求，如果想要擁有較佳的住院品質，就要自費升等。以台北地區為例，雙人房的每日升等補差額費用約在 1,500 ～ 2,600 元；如果是升等到單人房，每日補差額費用甚至最高到 8,000

多元。

　　病房費之外，手術與醫藥、醫材，也出現明顯的自費趨勢。因為當病患聽到某種自費的「醫藥、醫材、手術」的效果較好、副作用較小、復原較快、疤痕較小或危險性較低時，很難堅持只用健保給付就好。因此王媽媽不是特例，即使有健保、住院還是會傷荷包，這時就要靠「住院醫療險」提供健保以外的醫療保障。

　　在前文「避免重複買、先搞懂醫療險分類」一文中，簡單介紹住院醫療險概分成日額給付型與實支實付型，基於「損害填補原則」（理賠給付只需要能填補實際支出就好），建議優先購買實支型，以下是挑選實支型應注意的重點。

### ｜ 住院醫療險──「日額給付型」與「實支實付型」比較 ｜

| | 日額給付型（基本款） | 實支實付型（二擇一型、混合型） |
|---|---|---|
| 功能 | 在保額限度內，貼補住院期間工資損失、或看護費用 | 在保額限度內，貼補住院期間健保不給付的醫療費用 |
| 理賠文件 | 診斷證明 | 大多數是「診斷證明＋收據正本」部分是「診斷證明＋收據副本」 |
| 保費高低 | 較低 | 較高 |
| 定期、終身 | 定期險、終身險都有 | 定期險為主 |

說明：日額型基本款主要給付項目是「每日病房費用」

### 重點 ❶：目前實支型其實多是二擇一型

　　以往住院醫療險有 3 種：純實支型、日額型、二擇一型（混合型），保費最便宜的是純實支型，以 30 歲男性、病房費保額 1 千元的保費

為例，純實支型約是日額型的 6 成，是二擇一型的 1 成多。

可惜目前市面幾乎已無販售純實支型，現在所謂實支實付型保單，其實是二擇一型（又稱為混合型），也就是除了實支實付保險金，還提供「住院醫療日額保險金」的選擇權，保戶申請理賠時，可以看看是用實支實付、還是日額給付，再選擇對自己有利的給付方式。

當住院醫療費用較多時，採實支實付方式較有利；住院醫療費用較少時，採日額給付較有利。通常保單名稱不會出現「實支實付」或「二擇一」，但是在 DM 的給付內容或保單條款，會看到「.... 實支實付，與住院日額，二者擇一給付」等字樣。

多了「選擇權」的二擇一型，保費當然比純實支型、基本款的日額型都貴。由於目前架上已無純實支型，理論上應該先挑保費次高的基本款日額型，但是買保險主要用來填補損失，二擇一的實支型，正是用來填補健保以外的實際開銷，而日額型的功能則是貼補住院期間的工資損失、或看護費，因此挑選順序應該是二擇一的實支型優先於日額型。

## 重點 ❷：不是「實支」多少、保險公司就賠多少

業務員如果沒有解釋清楚，實支實付型保單很容易讓保戶產生誤解，以為住院產生的所有帳單都可以「實報實銷」。保戶要有的第一個正確認知是：「實支實付型的理賠金，是在保險金限額內給付」，也就是買的保額越少、理賠金當然也越少。

醫療險的保額通常會用「計畫」、「單位」來表示，譬如甲公司的「計畫 A」，是指「每日病房費 1 千元、每次手術費用限額 3 萬元、

每次住院醫療費用限額 6 萬元」；乙公司每個單位限額是 110 元，買 10 單位的話，表示每日病房費用限額為 1,100 元（110×10）。

　　申請理賠的金額，就以「每日病房費用」而言，是以當初所買的計畫別、或是單位數，乘以住院天數，且同一次住院也有天數上限。譬如張三買的保額是每日病房費 1 千元，升等住雙人房，每日自費差額 2 千元，總共住了 5 天，張三可以申請到的每日病房費用理賠金不是 2,000×5=1 萬元，而是 1,000×5=5 千元，因為他的每日病房費的保額是 1 千元。

　　第二個正確認知是：「實支實付型理賠金，是按給付項目分別計算」。假設張三買的實支型保單的給付項目有 3 項：「每日病房費用」、「住院醫療費用」、「住院手術費用」，出院時不是按帳單總金額申請，而是要按上述 3 項逐項計算。

## ｜　實支實付型的三大主要給付項目　｜

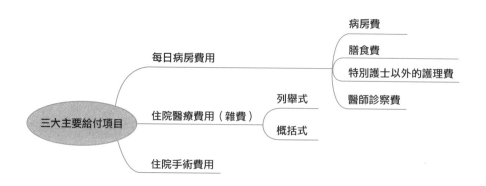

　　譬如「住院手術費用」，理賠金是按「每次手術費用保險金限額」乘以「手術名稱及費用表」比例。假設張三買的實支型保單保額為「計劃 A」（參見附表），手術費用保險金限額為 3 萬元，張三割除鼻息肉，在這一項申請到的理賠金是 3 萬元 ×10%，因為割除鼻息肉手術的給付比例是 10%。

　　如果張三是更換一個心臟瓣膜，張三可以領到的理賠金是 3 萬元 ×290%=87,000 元，因為「一個心臟瓣膜置換術」的給付比例是290%。但是張三買的實支型保單給付項目如果沒有「住院手術費用」，即使住院動了大手術，也無法請領到該項給付。

**｜ 某張實支實付型保單的保額給付表 ｜**

單位：元

| 計畫 | A | B | …… | G |
|---|---|---|---|---|
| 每日病房費 | 1,000 | 1,500 | | 5,000 |
| 住院手術費 | 30,000 | 41,250 | | 67,500 |
| 住院醫療費 | 66,000 | 84,000 | | 138,000 |

## 重點 ❸：除外責任不賠

　　除外責任，就是保險公司有權不負給付責任，除了一般的犯罪、故意、吸毒等行為外，其他像是「裝設義齒、義肢、義眼、眼鏡、助聽器、心律調節器或其他附屬品，也不負給付責任，除非是因為遭受意外傷害事故所致者，不在此限，譬如意外跌斷牙齒、摔斷腿，而需

要裝設義齒、義肢的支出，實支型保單才會給付。

### 重點 ❹：住院醫療費用，條款有「超過全民健保給付的住院費用」最有保障

　　當保戶住院有自費醫藥或醫材的開銷時，主要是靠「住院醫療費用」（又稱作醫療雜費）這項給付理賠。但要注意的是，相當比例的實支型保單條款，對於這項給付是採取列舉式，如果自費的醫藥或醫材，不在列舉項目內，就可能會有理賠爭議。

　　對保戶最有利的條款，最好是「概括式＋超過全民健保給付之住院費用」，也就是自費醫藥醫材，只要是超過全民健保給付費用，就能在保險金限額內理賠，這種條款的保障範圍會較列舉式大而有彈性。雖然説保單條款第一條通常會註明「條約的解釋，應探求條約當事人的真意，不得拘泥於所用的文字；如有疑義時，以作有利於被保險人的解釋為原則。」但是有白紙黑字標示出來，會更讓人放心選用自費醫藥醫材。

### 重點 ❺：實支型保單大多只接受收據正本

　　出院時醫院只會開立一份收據正本，但是保戶卻跟兩家保險公司各買了一張實支型保單，如果兩家都要求收據正本，保戶就要小心，另一張保單可能無法申請理賠。目前接受收據副本理賠的公司已經增多，但前提是，保戶在跟乙公司買第二張時，必須要告知已經先跟甲公司買了一張實支型保單了。

　　而且這種告知，不是口頭告知，在乙公司的要保書中的「告知事

項」一欄：要圈選「已投保其他實支實付型商業險」。當乙公司在知悉保戶已跟甲公司買過實支型保單，而仍願意承保第 2 張實支型保單的話，當保戶有理賠需求時，就必須接受保戶用收據副本（影本）申請理賠。

　　保戶如果有兩張實支型保單的需求時，購買策略就很重要，第一種策略是跟同一家公司買，但是要確認這家公司能接受正本與副本理賠；第二種策略是，第一張要跟只接受正本理賠的甲公司買，第二張再跟可以接受副本理賠的乙公司買，因為順序相反的話，先跟乙公司買第一張，即使有告知甲公司已跟乙公司投保，甲公司因為無法接受副本理賠，就無法跟甲公司買到第二張了。

疾病風險

# 實支型醫療險（下）：
# 給付項目不是越多越好

> 很多保戶的迷思是「給付項目越多越好」，但真相是給付項目越多、保費也會越貴。保險真義應是「保大不保小」，扛不起的風險才需要投保。

### 重點 ❶：優先選定期型

目前實支型保單大多是 1 年期的定期型、附約，至於少數終身型的保單，因為含壽險成分，也就是有身故保險金、祝壽保險金等，同樣保額下，保費貴一截，因此建議選擇保費相較便宜、並且有「保證續保」的定期型，用小預算買大保障。

以往保證續保多到 75 歲，目前已有保單最高到 80 ～ 85 歲，保障期間其實已經與終身型保單相差不遠了。只是 1 年期保單多是採取「自然費率」，每年或每 5 年調高保費，中年後保費大增，屆時若行有餘力，再考慮改買終身型，或是參考下一個重點的建議。

### 重點 ❷：主約繳費期滿後省下的預算，當作老後保障的儲備

實支型附約，通常會用低保額的終身壽險當主約，主約繳費期通

常為 20 年，主約繳費期滿後，附約續繳、但是主約保費就能省下來，省下來的錢，應該存起來、或是進行投資，預為附約有效期結束後的醫療保障空窗做準備，等於是提前準備一筆老後的醫療基金。

### 重點 ❸：給付項目不是越多越好

以往純實支型保單的給付項目很單純，主要是三項：每日病房費用、每次住院醫療費用（雜費）、住院手術費用，但是現在各家保單的給付內容琳瑯滿目。很多保戶的迷思是「給付項目越多越好」，但真相是給付項目越多、保費也會越貴。

保險真義應是「保大不保小」，扛不起的風險才需要投保。因此花費有限的門診給付、門診手術，或是錦上添花的出院療養金等，不應該作為挑選重點。主要應該在每日病房費用保額相同的條件下，比較「住院手術限額」與理賠比例、與「住院醫療費用」限額的高低。

譬如相同的單位數或計劃別的基礎下，保費雖然相差不多，但是「住院手術限額」有的可到 15 ～ 20 萬元，有的不到 5 萬元；理賠比例有的可到 400 ～ 500%，有的只到 100%，理賠金差異就會很懸殊。

### 重點 ❹：保費不是越便宜越好

保戶會有的另一項迷思是「保費越便宜越好」，要注意的是，保費便宜的代價是甚麼。譬如每日病房費用保額 1000 元，30 歲男性，大多數實支型附約的費率是年繳保費兩千多元，某張保單只要 1 千元出頭。

因為該張投保規則要求購買的壽險主約至少要 50 萬元，如果保

疾病風險

戶的壽險保障已經足夠，為了這張便宜的附約，卻要付出過多的主約成本，就有必要斟酌了。

還有的實支型保單，給付項目是「每日病房費用」、「每次住院醫療費用」、「每次門診手術費用」，卻未包含負擔更高的「住院手術費用」。因此進行保費高低比較時，還應該進一步確認給付內容是否相類似，否則就像是拿香蕉與蘋果做比較。

### 重點 ❺：提高雜費限額，仍無法替代防癌險

有的專家會建議提高實支型的購買單位數，讓「住院醫療費用」（雜費）的限額提到最高，可以靠這項給付應付治療癌症的標靶藥物費用。要注意的是，1 單位（或保額 1 千元／日）的雜費，最高限額雖然可到 25 ～ 44 萬，但前提是，想申請到這項給付的最高限額，可能住院要長達 181 ～ 365 天。

目前健保新制對於住院天數限縮，加上醫院因為人力與病房數吃緊，保戶很難長期住院，因此就算買到最高單位數，因為無法長期住院，也就申請不到最高限額，靠實支型的雜費理賠抗癌，就會產生風險。

### 重點 ❻：雙實支必要性有待商榷

張三與李四都住院開刀，假設兩人的住院療費用（雜費）帳單都是 5 萬元，張三買了一張實支型保單，雜費限額是 7 萬元，張三可以申請理賠到 5 萬元（限額內的實際開銷）。

李四買了兩張實支型保單，雜費限額都是 5 萬元，李四可以從這

兩張實支型保單中申請到 5×2=10 萬元的理賠。所以有專家指出，只買一張、把限額買到最高，如果雜費開銷沒有那麼高，就只能根據收據的金額賠付；如果分開兩張買，兩張都可以賠付，相對「好用」。

　　但是實支型為附約，需要加買主約，若是買兩張實支附約、要求要買兩張主約，理賠金額雖可增加，但是保費負擔也跟著增加。不要忘了，一般保戶需要補足的不只是醫療保障的缺口，還有其他重要缺口。

　　而且實支型本意是「損害補償原則」，而不是靠「好用」的第 2 張去多賺理賠金，據了解，未來修法方向可能會要求：兩張加總的理賠金額，不能超過實際的帳單金額。

疾
病
風
險

# 日額型醫療險，
# 優先選擇「基本款＋定期型」

> 多數的「實支型醫療險」都是定期險，如果要選終身型，其
> 中的日額型（定額型）醫療險是最常被推薦的一款，保戶到
> 底有沒有加購日額型的必要？又該怎麼挑？

## 重點 ❶：健保新制，住院天數縮限

健保過去對於住院給付是採取「實報實銷」，容易誘使醫院報得越多越好，造成健保資源過度浪費。2010 年開始實施 DRGS 支付制度，簡單說，每種疾病基本上都有一個健保給付的上限，醫院為了更有效率的使用有限的給付，除了住院手術儘量改為門診手術外，也會減少不必要的檢查、用藥及住院日數。

### 名詞解釋：DRGs

DRGs 診斷關聯群 (Diagnosis Related Groups) 是一種住院支付制度，是將醫師診斷為同一類疾病、採取類似治療的疾病分在同一組，再依病人的年齡、性別、有無合併症或併發症、出院狀況等再細分組，並將同分組的疾病組合，依過去醫界提供服務之數據為基礎，計算健保局應給付醫院的住院費用，此種支付方式又稱「包裹式給付」。

　　首當其衝的是日額型醫療險，因為日額型保險金＝住院天數 ×購買的保額單位，當住院天數下降時，就算買的保額單位再多，也是英雄無用武之地。譬如剖腹產，過去產婦會想說有買日額型，延長住院天數，也能多領給付。但是在 DRGs 制度下，簡單的剖腹產，如果恢復良好，上限就是 5 天，時間到了就得出院。

### 重點 ❷：用自有儲蓄、風險自留

　　根據健保局對於住院病患的統計，平均住院天數約是 10 天。如果按平均值計算，如果需要自費住雙人房，並且聘僱全天候看護，住院 10 天、要準備一筆約 4 萬元的住院基金（〔病房費自費差額 2,000元＋醫院全天班看護 2,000 元〕×10 天）。

　　但是一般人在老齡之前，很少會年年住院。至於住院期間的薪資損失，一般勞工、在同一事業單位服務滿 1 年，會有 7 天的有薪年假，按平均住院天數計算，如果當年的年假尚未用掉，再加上有薪的國定假日，因為住院而被被扣薪的天數其實很有限。

　　不是所有的財務損失風險都要靠保險，而且是承受不起的風險才需要保險轉移，當已經擁有實支型保單後，如果擔心看護費、薪資損失等開銷，也可考慮靠自有儲蓄支應，也就是風險自留。不要忘了，我們需要防護的風險還很多，應該要將預算優先用來防範無法承擔的巨大風險。

### 重點 ❸：選基本款＋定期險

　　如是果單身族、親族少、子女不在身邊、怕吵等，實在擔心住院

看護費、病房費等問題，希望靠日額險買到安心的話，建議選擇基本款＋定期險就好。

　　早期的日額型，主要給付就是：「住院日額保險金」，這種給付內容很單純的保單，姑且稱之為「基本款」。但是現在的日額型，給付項目大增，譬如還包括「加護病房加倍給付」、「燒燙傷病房加倍給付」、「長期住院加倍給付」、「住院手術」、「急診手術」、「門診手術」、「重大手術」、「住院前後門診」、「住院看護」、「出院療養金」、「救護車」、「出國住院」、「分娩住院津貼」等十幾項保險金。

　　這種「豪華款」的日額型，跟多種給付的實支實付型醫療險已經部分重疊，如果已經買了一張實支型，再買豪華款的日額型，等於錦上添花。更重要的是，豪華款的日額型，即使給付項目多，跟實支型相較，仍然獨缺「住院醫療保險金」（雜費）。

　　根據統計，住院醫療帳單有 5 成以上是雜費，手術費及病院費占比不高。這也是為何專家們會建議，保障範圍較廣的實支型，應該當作住院醫療保險的主力，行有餘力再考慮日額型。

　　30 歲男性、保額 1 千元，1 年期、基本款的日額險，年繳保費約 1,500 ～ 1,600 元（自然費率）。但是豪華款的日額險，即使是定期險，年繳保費也要基本款的 1.7 ～ 4.8 倍（部分為平準費率）。

## 重點❹：終身險，高保費、低保障

　　有的專家基於以下理由，認為住院醫療險有必要買終身型：（1）定期險無法保障終身；（2）定期險大多是附約，必須先買主約才能

附加，如果主約失效，附約也會跟著失效；（3）定期險初期費率低，但是每 5 年會調漲保費。

　　目前日額型的定期險，最高續保年齡是到 75 ～ 85 歲，還有的已到 105 歲，而且是保證續保，除非天年是到「人瑞」，其實已經跟「終身」的保障期間相差不多了。再則所謂主約失效疑慮，法令已修改，即使主約的終身壽險因為全殘理賠而失效，附約醫療險效力仍會維持。法令修改前的舊保單，如果有附約延續權，也不用擔心失效疑慮。

　　至於保費調漲問題，日額型如果是選擇 1 年期，大多數是「自然費率」，也就是每 5 年會調漲一次。但是跟「平準費率」（每年繳費金額一樣）的終身險相較，1 年期的日額險，中年以前仍然享有低保費優勢。

　　同樣是 30 歲、男性、保額 1 千元，基本款、1 年期年繳費率只有 1 千元出頭；即使到了 50 歲，也只上調到 2 ～ 3 千元。但是終身險，其中最貴的是帳戶型主約，年繳保費要 11,000 多元，是 1 年期的 6 ～ 7 倍（30 歲男性費率）。

　　跟終身型相較，1 年期要到 70 歲後才會失去低費率的優勢，但值得思考的是，中年以後、即使住院頻率增加、住院天數增長，但是自有積蓄也漸豐，是否還需要靠日額險來補貼？反而值得斟酌。

　　終身險還有一項值得思考的限制是「總理賠金額上限」，不管是倍數型、或帳戶型，都有一個總理賠額度，理賠額度用完、保單就失效，其實不完全符合終身保障的精神。以倍數型來說，理賠上限大都是日額的 2 ～ 3 千倍，也就是說，投保日額 1 千元，最高理賠限額為 200 ～ 300 萬元。

疾病風險

| 採取自然費率的 1 年期日額險 |

單位：元

|  | 中國人壽新<br>住院日額健康險附約 | 新光人壽<br>住院醫療日額甲型附約 | 全球人壽<br>住院醫療保險附約 |
|---|---|---|---|
| 30 歲 | 1,640 | 1,512 | 2,411 |
| 50 歲 | 2,770 | 3,542 | 3,893 |
| 70 歲 | 9,580 | 10,239 | 7,522 |

說明：男性、保額 1,000 元

　　相較實支型雖然有每日或單次最高給付金額的限制，但是沒有總理賠上限。而日額型的終身險，保費貴、又有理賠總額的「天花板」，再加上通膨侵蝕，即使有餘力加買日額型，仍然建議選 1 年期、勝過終身型。

# 重大疾病險：病情嚴重者才能獲賠

> 「住院」醫療險，顧名思義是有住院才有理賠，但是像中風、癱瘓、尿毒症、癌症等重大疾病，住院治療期間有限，真正的經濟風險是在出院後的長期療養。

　　進入壯年與中年，重大疾病發生的機率漸漸升高，重疾險是只要經過醫師診斷，符合所涵括的疾病項目，就能請領一次給付、或是多次給付，由病患自由決定這筆保險金是要用在生活費、看護費、或特殊醫療費。

　　重疾險從早期的只有七項疾病理賠，到目前延伸到有二十幾項特定傷病，型態變化日趨多元，如何挑到一張最適合自己需求的重疾險（暨特定傷病險），以下五個重點提供參考。

### 重點 ❶：優先選無壽險成分的消耗型險種

　　所謂壽險型的重疾險，就是有含終身壽險成分，只要是保單的給付項目除了重大疾病保險金、特定傷病保險金外，還有身故保險金、全殘保險金、祝壽保險金等，就是屬於壽險型。給付項目越多，當然保費也越貴。

　　壽險型的好處是，如果保險期間沒有罹患相關疾病，身故時受益

疾病風險

人仍然能領到保險金，消耗型的就無法領回任何保險金。但是預算如果有限，應該先選消耗型的重疾險，另外用保費相較便宜的定期壽險，去轉移身故風險。譬如 25 歲女性，投保 200 萬元定期壽險，加買保額 200 萬元的重疾險附約，繳費 20 年期，年繳保費約 11,720 元，就能包含一定期間、一定額度的身故（全殘）與重疾風險。

不過要注意的是，目前主約型的重疾險，多是壽險型；附約型的重疾險，才是消耗型。另外有的附約會限制「同一被保險人累積本險保額以不超過累積壽險主契約保額之 2 倍為限」，譬如定期壽險保額若為 100 萬元，重疾險附約不能超過 200 萬元。

### 重點 ❷：年輕時選定期險、中年後選終身險

重疾險有分為終身險與定期險兩種，前者是平準費率，繳費期間保費相同；後者是自然費率，保費會隨著年齡增加而增加。如果預算限制，可以年輕時先買定期型，等到中年時保單到期，且行有餘力，再改買終身型。

譬如 30 歲、男性、保額 100 萬元，如果選擇一年期、重大疾病暨特定傷病險附約（無壽險成分），年繳約 2,600 元。若是選擇有壽險成分的終身型，年繳保費是 1 年期型的 17 ～ 18 倍。

目前定期險續保最高至 75 歲，可是不要等到 75 歲再改買終身型，因為保險公司會有購買年齡的上限。譬如繳費年期若是 10、15 年期，最慢要在 50 歲前投保；繳費年期若是 20 年期，最慢要在 45 歲前投保。而且要考慮到，中年後體況變差，即使已有餘力繳費，也要小心被拒保。

### 重點 ❸：特別擔心的疾病項目，可選加倍給付險種

假設由於家族病史的緣故，特別擔心中風、阿茲海默症（失智症的一種）、帕金森氏症等，可以選擇針對特定項目有加倍給付的險種，譬如「國 O 特定傷病終身保險」、「國 O 鍾安特定傷病定期保險附約」，有針對腦神經系統損傷疾病共七項理賠 1.5 倍。（包括腦中風、癱瘓、阿茲海默症、帕金森氏症、嚴重頭部創傷、肌肉營養不良症、急性腦炎、運動神經元疾病）

### 重點 ❹：給付方式有分一次給付、分期給付

重疾險的給付方式，大多是按保額一次給付，但也有的是用「生活照護金」的名義分期給付。譬如在「確定給付期」時，亦即不論被保人生存與否，都會按月給付生活照護金 60 期（月），從第 5 年確診周年日起，每屆確診周年日時，只要被保人仍生存，該年即按月給付生活照護金，最長到 120 期。

### 重點 ❺：各張保單對於「等待期間」定義不同

為了避免保戶帶病投保，重疾險一定會規定等待期，有的是非癌症的重大疾病等待期間 30 日、癌症 90 日；有的是重大疾病 90 日、特定傷病 30 日。等待期越長，表示保戶曝險的時間也較長。

### 重點 ❻：特定傷病項目越多，保費越貴

重疾險只針對七項重大疾病理賠，但是國人十大疾病死因中，有六項就已涵括在重疾險的保障範圍。而後衍伸出的特定傷病險，理賠

疾病風險

項目越來越多，但是保費也會越來越貴。

　　值得思考的是，是否要追逐不斷增加理賠項目的特定傷病險？譬如「運動神經元疾病」（俗稱漸凍症），雖然惡化後甚至會完全失去生活自理能力，但是根據漸凍人協會資料，「漸凍症在全世界的普及率約為 5／10 萬左右，偶發性患者的平均年齡多為 55 ～ 75 歲之間」。等於是 10 萬人中只有 5 個人中獎，表示機率相當低。

　　很多特定傷病險的疾病項目發生機率相當低，除非有家族病史，或是相關保障已買齊、預算也寬裕，否則不需特別用理賠項目數量，當做挑選保單的指標。

 **重大疾病與特定傷病，包括哪些項目？**

・重疾險定義的疾病有 7 項：心肌梗塞、冠狀動脈繞道手術、腦中風、慢性腎衰竭（尿毒症）、癌症、癱瘓、重大器官移植手術

・特定傷病險定義的疾病項目不一，主要有猛暴性肝炎、肝硬化、阿爾茲海默病、帕金森氏症、全身性紅斑性狼瘡、運動神經元疾病（漸凍症）、多發性硬化症等。

## 重點 ❼：理賠定義嚴格

　　車禍截肢，這麼「重大」的創傷，應該能獲得重大疾病險的理賠？答案是不符合條件。因為重疾險只針對七項特定的重大疾病，不是保戶認為病情重大，就能獲得理賠。

　　半身不遂，醫生診斷是中風，是否就能立刻申請理賠？答案是要觀察 6 個月，要等 6 個月的復健期後，無法獲得改善，確實符合植物人、一肢以上機能完全喪失等數項條件其中之一時，才能拿到重疾險的理賠金。

　　同樣的，醫生已診斷是「心肌梗塞」，也要「同時」符合理賠 3 要件：（1）胸痛、（2）心電圖異常變化、（3）心肌酶異常升高，總而言之，重疾險不只是罹患相關的疾病，還必須要病情真正惡化到「嚴重」的程度，才能獲得保障，這是保戶必須審慎考量的地方。

疾病風險

# 防癌險：
# 優先選「1 年期＋一次給付」型

> 提供癌症防線的保險有住院醫療險、重疾險、癌症險，而住
> 院醫療險的保障範圍僅限於「住院期間」，但是癌症治療中
> 的放射線治療（簡稱放療）、與化學治療（簡稱化療），通
> 常需要住院的時間很短、甚至不用住院，只用住院醫療險抗
> 癌，就要小心「英雄用武之地很有限」。

　　近年來，台灣十大死因之首，幾乎都是「惡性腫瘤」，就是俗稱
的癌症。根據國民健康署所做的「癌症登記報告」，發現近 10 年來，
「癌症發生時鐘」快速縮短，2002 年是每 8 分鐘有 1 人罹癌，2011
年時已經縮短到 5 分鐘，男性發生率是女性的 1.3 倍。

　　雖然整體癌症發生年齡的中位數（中間值）是 62 歲，但是男性
若罹患鼻咽癌、口腔癌，女性罹患乳癌、子宮癌、子宮頸癌、卵巢癌
等癌症，年齡中位數都提早到 50 多歲，女性的甲狀腺癌甚至提早到
40 幾歲。

　　基本上，重疾險涵蓋的疾病項目雖然有包括癌症，但是有部分癌
症是除外不賠；並且若先中風或心肌梗塞，重疾險提供理賠，而後又
不幸罹癌的話，重疾險已經失效，就無法再提供抗癌保障了。

**那些癌症，重疾險不賠？**

1. 第一期何杰金氏病

2. 慢性淋巴白血病

3. 原位癌

4. 惡性黑色素瘤以外的皮膚癌

由於住院醫療險與重疾險都無法提供罹癌的完全保障，如果家族近親有癌症病史，建議還是要將癌症險納入規劃。因為抗癌最沉重的費用主要是「標靶藥」，一個完整療程，動輒數十萬元～上百萬元。

**標靶藥**

傳統化學藥物，會同時影響到正常細胞與癌細胞，且容易出現噁心嘔吐、掉髮等副作用。標靶藥直接「瞄準」腫瘤生長相關的特殊位置，對正常細胞的影響較小，副作用也較少。

通常癌症險申請理賠，主要是提供「診斷證明書、病理組織檢查報告、病理切片報告」等文件，不需要提供收據正本，因此不用擔心只有一份收據正本，不知該用來申請住院醫療險、還是癌症險的疑慮。

疾病風險

**重點 ❶：一次給付型 vs. 分項給付型**

癌症險概分成兩大類：分項給付型、一次給付型，前者是按癌症險的給付項目，分項提供相關單據請領。譬如張三罹癌住院，有動手術與進行化療；而後又進行放療與門診。

張三買的分項給付型保單中若有相關給付，就可逐項申請「罹患癌症、癌症住院醫療、癌症出院醫療、癌症手術醫療、癌症門診醫療、癌症放射線治療、癌症化學治療」等保險金。

 **一般癌症險的給付項目**

罹患癌症、癌症住院醫療、癌症出院醫療、癌症手術醫療、癌症門診醫療、癌症放射線治療、癌症化學治療、骨髓移植醫療、癌症義乳重建、癌症義肢裝設、癌症身故

如果張三買的是一次給付型癌症險，只要取得醫師診斷證明，就能按保額一次請領保險金，不用等待蒐集化療、放療、手術、門診等收據，才能請領保險金。

到底該選一次給付型、還是分項給付型？其實兩者各有利弊。一次給付型的優點是，如果保額有買夠，一次領到的保險金，應可支付抗癌最沉重的「標靶藥」；缺點是，如果往後癌症復發，一次給付型的保單已經失效，就無法再提供任何理賠了。

一次給付型的缺點剛好是分項給付型的優點，即使之前已經請領相關給付，如果後來癌症復發，仍然可以繼續申請相關給付；但是分項給付型的缺點是：

（1）要「逐項申請」，每次都要準備一堆單據。

（2）化療保險金是按住院日數給付，每日給付 500~2,000 元／單位，無法應付昂貴的標靶藥。

（3）日後若有新療法，可能不在保單當時的保障範圍內。譬如保單條款若有規定化療僅限注射用藥，由於醫療進步，原先的注射用藥未來可能改成口服用藥，分項給付型的保單就有可能請領不到該項給付。

雖然一次給付型與分項給付型各有利弊，建議先買一次給付型。因為不幸罹癌，如果個人條件與罹患的癌症都適合標靶藥治療的話，當務之急就是籌措沉重的標靶藥開銷，而不是未來不確定的復發風險。

### 重點 ❷：跟壽險公司買 vs. 跟產險公司買

癌症險保單也是有分為 1 年期、中長年期、終身型，以及分為主約與附約，基於小錢買大保障原則，建議 1 年期附約，可以用最少預算、買到相對較多的保障。目前壽險公司與產險公司都有販售一年期、附約，該怎麼選呢？

由於壽險公司販售的一次給付型保單，有提供「保證續保」，而

目前主管機關尚未允許產險公司提供「保證續保」的保單，因此在法令未開放前，可優先考慮壽險公司的 1 年期附約。

### 重點 ❸：低侵襲性癌症或原位癌是否納入保障

有的癌症險會規定，「初次罹癌保險金」不理賠「低侵襲性癌症」，甚至將很多癌症都納入低侵襲性癌症的範圍內。譬如原位癌、皮膚癌、第一期前列腺癌、甲狀腺微乳頭狀癌、乳癌第一期、子宮頸癌第一期，種類多達十幾種。

低侵襲性癌症的治癒率雖然較高，但是癌友仍需要調養，才能提高抗癌勝算，因此要注意初次罹癌保險金是否將「低侵襲性癌症」排除，以及低侵襲性癌症的定義範圍。

值得一提的還有「併發症」，因為治療癌症過程當中容易引發併發症，有的保單條款排除併發症，保障範圍相對縮小，要注意保單條款是否特別規定不理賠併發症。

### 重點 ❹：安寧病房是否理賠

理論上，癌症險提供的是「積極性治療」的開銷保障，因此不會提供積極性治療的安寧病房，不被納入癌症險的保障範圍。但是癌症末期，安寧病房住院時間可能長達 1 ～ 2 個月，如果購買的是分項給付型，最好優先挑選不會將安寧病房排除在外的保單。

### 重點 ❺：是否要含生存險或壽險

癌症險也有加上生存險（滿期保險金）、或是壽險（身故保險金）

的設計，但是只要有滿期保險金、身故保險金的癌症險，保費會暴增數十倍。

　　同樣是 30 歲、男性，挑選一次給付型、保額 100 萬元，A 保單有滿期金與身故保險金，繳費 20 年期，年繳保費約 33,000 元；B 保單屬於單純消耗型設計，沒有滿期金或身故保險金，但是 1 年期的保費只要約 880 元。即使到了 40 歲，年繳保費也才增加到 2 千多元。

疾病風險

# 投保「即期年金險」，
# 保證「孝順」到天年

> 一定有人心裡想著，有沒有哪種金融商品可以確保「月領
> 生活費，領到 100 歲也不用擔心」；最重要的是不用怕被虧
> 空，即便是你的兒孫們也騙不走？嘿嘿……，答案就是「年
> 金險」。

「防子女不孝，南韓將修法，原本贈與子女的財物可要求收回」。
法條的制訂或修正，往往反應的是社會現象，當子女不孝、父母要索
回贈與的財產，最終需要法律當靠山時，顯示出過去社會「養兒防老」
的觀念已經開始崩解。

有沒有一種金融商品，可以每月領到生活費，活到一百歲也不用
擔心；並且不用擔心子女不肖、或是被虧空、被騙、被偷？答案是「年
金險」。

年金險有兩種，第一類是「未來領」，也就是「遞延型年金險」。
因為離退休還早，適合青壯年族群購買，可以躉繳、或期繳保險費，
等到累積期滿、準備退休時，再開始申請年金給付。目前投資型保單
中的「變額年金」，就是屬於遞延型年金險，靠投資績效累積資產價
值，等到退休時再開始提領。

　　第二類是「現在領」，也就是「即期型年金險」。當屆臨退休，現在就要開始領，就可選擇即期型年金險，投資方法是先躉繳一筆保費給壽險公司（目前部分壽險公司也有提供將終身壽險保單價值轉為即期年金險），即刻按年（季、月）領取年金給付。

　　即期年金險適合「準退休族」購買，如果把部分老本拿去買「即期年金險」，就不用擔心老本被不肖子孫騙走；或是老本提早花完，要過的日子還很長的困擾。

| 年金險分類 |

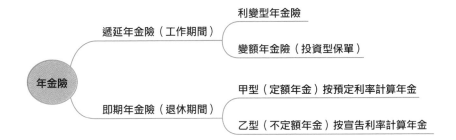

　　假設林奶奶想確保每月有 2 萬元生活費，等於是每年要能領到 24 萬元的年金，要準備多少錢去買即期年金險呢？假設林奶奶 65 歲，需要躉繳約 5,084,880 元的保費（＝211,870×24），同樣的年金水準、同年齡的男性只需要躉繳 4,645,200 元保費（＝193,550×24）（費率表見次頁）。從即期年金險費率簡表可以看出，女性費率比男性貴，因為女性餘命比男性長，未來預期領到的年金總額比較多。而且越早買，費率越貴，也就是要躉繳的保費越高。因為越早買、保險公司給

## ｜ 即期年金險費率簡表 ｜

單位：元

| 投保年齡 | 男性 | 女性 |
|---|---|---|
| 61 | 209,740 | 229,240 |
| 62 | 205,700 | 224,940 |
| 63 | 201,650 | 220,610 |
| 64 | 197,600 | 216,250 |
| 65 | 193,550 | 211,870 |

說明：以三商美邦人壽長鑫即期年金險為例，預定利率 2.25%
單位：元／每萬元年金金額、保證期 10 年、年給付

付的年金期間也就越長。

　　再以林奶奶為例，躉繳一筆保費出去，要領多久才能回本呢？答案是 21.1 年（5,084,880 元／ 240,000 元），也就是林奶奶在 65 歲時買即期年金險，要領到 86 歲多才能回本（65 ＋ 21），如果活不過這個歲數，不是很划不來嗎？

　　但是換個角度想，年金險是用來保障長壽風險，林奶奶不管是活到 90、100 歲，都不用擔心老本領完。有的即期年金險甚至保障領到 110 歲，效力才終止，這是即期年金險的優點。

　　準退休族要如何挑選即期年金險呢？以下是考量重點。

## ❶　附加費用率

　　保戶買即期年金險，需要支付的成本稱做「附加費用率」。假設某張即期年金險的附加費用率為 3%，也就是躉繳 100 萬元，保險公司先賺走 3 萬元，再用剩下的 97 萬元，去計算往後要支付給保戶的

年金，通常年金險的附加費用率為 3% 上下。

### ❷　預定利率

即期年金險如果按照領取金額是固定或浮動來看，又可分成兩大類：甲型與乙型。甲型是按「預定利率」計算年金，每期領到的是年金是固定的（定額年金）；乙型是按「宣告利率」計算年金，每期領到的金額是不固定的（不定額年金）。

甲型是市場主流，因為大多數退休族希望領到的年金（退休金）能夠穩定，而不是忽高忽低。甲型的即期年金險是按照：（1）年金生命表、（2）平均餘命、（3）保證期長短、（4）預定利率，去計算每期可以領到的年金。

其中 ❶ ～ ❸ 項，各家公司適用的標準相同，主要差異是預定利率。保險公司報出來的預定利率越高，保戶可以領到的年金也越高。目前市場利率處於低檔，預定利率水準當然也跟著壓低，換算可以領到的年金給付會較少，因此保戶目前對於即期年金險接受度不高，保戶可以選擇的商品也很有限。

即使如此，由於即期年金險是保障長壽風險的好工具，準退休族還是可以考慮將部分資產轉買即期年金險，讓最基本的生活費能夠確保，活多久、領多久，其餘部分資產才去找變現性與報酬率相對較高的工具。

### ❸　保證期間

保證期是指：「不論被保險人生存與否，保險公司保證給付年金

的期間，如果在保證期間身故，則依約給付給受益人，直到保證期滿。」也就是保證期有兩個重要意義，第一個意義是：不論被保人是生是死，被保人或受益人都可依約領取年金，保證期內領回金額不得低於躉繳保費。

第二個意義是，被保人（即要保人）可以在保證期內申請提前給付未提領完的年金餘額。但是保證期滿後，就不能再中途解約、或是保單借款，也就是這筆資金完全沒有變現性了，但是被保人若仍持續生存，保險公司就須持續給付到 110 歲才算滿期。

有的保單保證期一律是 10 年，有的保單是按投保年齡決定保證期，越早投保、保證期間越長；越晚投保、保證期間越短。譬如男性50 歲投保，保證期為 29 年，如果是 65 歲投保，保證期縮短為 23 年。

| 某張即期年金險的保證期間與躉繳金額 |

單位：元

| 領取金額 | 保證 10 年 | 保證 15 年 | 保證 20 年 |
|---|---|---|---|
| 年領 24 萬元 | 5,604,600 | 5,640,000 | 5,758,080 |
| 月領 2 萬元 | 5,758,880 | 5,812,700 | 5,899,120 |

說明：假設 60 歲、男性、預定利率 2.25%

保戶於保證期內仍有選擇變現的權利，保證期滿就會喪失變現的權利，因此保戶會希望保證期越長越好。但是計算年金多寡，保證期也是其中一項變數，保證期越長、需要躉繳保費越高；保證期越短、躉繳保費越少，要看保戶個人考量。

譬如張三在 60 歲時買了某家即期年金險，想要年領 24 萬元，如

果選擇保證期 10 年，需要躉繳 560 萬元多；如果選擇保證期 20 年，躉繳保費就要多花 15 萬元多（5,758,080 － 5,604,600 ＝ 153,480 元）。如果擔心子孫覬覦，要斷了子孫慫恿將保單變現的困擾；或是擔心年老容易被騙，要確保老本只能專款專用，保證期應該越短越好。

**❹　安全性**

　　即期年金險不是存款，不會受到中央存保的保障，而是受「人身保險安定基金」保障，只是此項基金規模有限，保戶自己也要避免選擇淨值為負的保險公司，免得保險公司比自己還短命，就沒辦法靠保險公司養老了。

## 『即期年金險』vs.『終身還本險』

活到老、領到老，年金險與終身還本險都辦得到，為何優先建議年金險呢？因為兩者的產品結構不同。年金險屬於生存險，要保障活太久的風險；終身還本險屬於生死合險（生存險＋死亡險），保險給付裡有「生存金」、也有「身故／全殘理賠金」，兩者都想滿足的話，保費負擔更重，或是說要付出的代價更大。

以 65 歲女性為例，想要每月能領到約 1.2 萬元養老金，直到天年

### 選項 ❶：終身還本險

以某張終身還本險為例，保額 150 萬元，6 年期繳累計 8,026,200 元，第 1 年即可開始領回生存金（開始還本），逐年遞增，直到繳費期滿後每年可固定領取 143,400 元生存保險金。

105 歲時保險期滿若仍生存，可再領回祝壽金 900 萬元；但若提前身故，受益人可領一筆身故保險金。

### 選項 ❷：即期年金險

同樣想月領 1.2 萬元養老金（換算年領接近的整數為 15 萬元），若以某張即期年金險為例，需躉繳 3,293,550 元（= 219,570×15）。

同樣可以年領約 15 萬元生存金，終身還本險的總繳保費要 8 百萬元，即期年金險則不到前者的一半，差別是後者沒有祝壽金或身故保險金。

只是準退休族要思考的是，靠還本險養老仍有風險，不肖子孫仍然有機會強迫父母去質借、解約。而且終身還本險要「拚」到 105 歲，才能領到祝壽金，即使能順利晉身為百歲人瑞，也無力去享受這筆祝壽金；至於身故保險金的意義更不大了，因為準退休族將卸下人生重擔，其實根本不再需要身故保障。

為了自己沒力氣用的「祝壽金」、或是自己用不到的「身故保險金」，卻要在退休時多付比即期年金險多付一倍多的保費，值得再斟酌。

# 只要繳 6 年，退休後保證年年領退休金？

> 保險業競爭激烈，保單不時推陳出新，各式年年還本的險種，都被包裝美化成「退休工具」，在面對「少子高齡化社會＋國家保險機制破產」的雙重隱憂，以及保險業務員大軍壓境的疲勞轟炸下，你我要如何面對？

大家還記得筆者在「買對保險」篇，「買保險，最怕『小三』來搗亂」》一文中一再提醒，如果預算有限，想要買到最多保障，就要拒絕「小三」亂入，也就是不要選有「還本」、「領回」等字眼的險種。

年年還本的險種，通常會包裝成「退休工具」，在高齡化＋少子化＋社會保險破產隱憂的催化下，成為熱賣商品。這種不管死活都有錢可領的保單，確實讓人很心動。

以近年來熱賣的某張終身還本險（養老險）為例，「繳費 6 年、退休時開始還本，一直領到 105 歲，再給一筆祝壽金；如果這當中有個萬一，家人也能領到一筆身故保險金」。35 歲的小張想要靠這張保單，既幫家人買份保障、也幫自己開始存退休金。

小張要如何 check 自己是否適合把這種保單當成退休工具，以下四個步驟，協助小張判斷，讀者也可以作為參考。

長壽風險

**小張購買的還本險投保範例**

- 繳費 6 年期，保額 20 萬元，年繳保費約 15 萬元。
- 選擇 65 歲退休時開始還本，還本比例為保額的 20%、即 4 萬元。
- 如果 65 歲時身故（全殘），理賠金約 144 萬元（按保單價值準備金或年繳保費總額 1.06 倍，二者取其大）。
- 105 歲可領祝壽金約 99 萬元，保險契約失效。

### Step ❶：最擔心的風險是否都有 cover ？

　　小張是雙薪家庭，但因為是獨子，扛負著養三代的重任，再加上待償的房貸餘額還有九百萬元，小張在責任高峰期時，如果不幸碰上「早逝、重殘、重病」任何一項，和樂的家庭就會變調。

　　小張因為年度結餘只有 15 萬元，在年繳保費 15 萬元的限制下，保額只能買到 20 萬元，如果在風險責任最重的 50 歲前驟逝，身故理賠金不過百來萬元（按保單價值準備金或年繳保費總額 1.06 倍，二者取其大）。

　　如果沒有其他儲蓄，理賠金扣掉喪葬費後的餘款不多了，三代生活都會有問題。而且小張繳完保費後，已經沒有餘力再幫自己與太太買齊防範「重殘、重病」等風險的保單。只有賭自己與太太在繳費的

6 年期間，不會再有其他意外。

　　回過頭來檢視這張還本險，是否有提前幫小張做好退休規劃，防範長壽風險？小張年繳 15 萬元保費共 6 年，65 歲時開始年領還本金 4 萬元，換算月領 3 千出頭。月領 3 千元，顯然無濟於退休品質，又排擠了目前最需要保障的「死、病、殘」風險。因此消費者面對養老險時，應該先檢視自己目前最擔心的風險類型，以及是否已先預留對抗險種的保費預算。

## Step ❷：保費會不會影響正常現金流？

　　如果已經為「死、病、殘」風險做好準備，接著還要檢視養老險的保費支出是否會讓家庭現金流惡化。假設小張認為退休後每年只有 4 萬元還本金太少，至少要有 24 萬元，也就是每月要有 2 萬元，小張年繳保費要拉高到 90 萬元。

　　這筆高昂的保費要連繳 6 年，如果這段期間臨時需要資金，提前解約就會有本金損失；如果改採保單借款，會有借款成本。

## Step ❸：是否了解保本 ≠ 保值

　　養老險能讓保戶還本、保本，但是否保值，就要看現在到退休的漫長期間，通膨是否來攪局？如果這張保單的「報酬率」>「通膨率」，可以保值；如果「報酬率」<「通膨率」，無法保值。

　　買養老險的當下，保單的報酬率已經被「鎖定」，但是通膨率卻是難以估計的變數，還本期間越長、通膨率的影響也越難控制。小張就算勉為其難的ㄍㄧㄥ了 6 年，年繳 90 萬元，65 歲後可以月領 2 萬元。

　　假設 35 ～ 65 歲的 30 年間平均通膨率為 2%，現在的 2 萬元，30 年後的購買力只值 1 萬元出頭（20,000×0.5455，0.5455 為 2%、30 年的未來值因子）。2% 還算是溫和的通膨水準，這還沒有將退休後的通膨變化考慮進去。

　　因此「通膨」是退休者的天敵，在目前低利率、低報酬率年代購買的養老險，等到幾十年後開始還本，要對抗易漲難跌的物價，是一個很大的問號。

**如何查詢台灣歷年通膨率（物價）增加的情況？**

主計處於民國 48 年開始編製「消費者物價指數」，此為計算通膨率的基礎，讀者可到網站查詢 XX 年～ YY 年間的通膨率變化。

網址：www.stat.gov.tw（中華民國統計資訊網）＞主計總處統計專區＞物價指數＞試算表＞消費者物價指數（CPI）漲跌及購買力換算

### Step 4：是否了解保單的真實報酬率

　　養老險的保費有躉繳與期繳、還本金有一次領與分期領，「現金流入與流出」相當複雜，要如何算出不同情境下的真實報酬率呢？可以運用財務函數：IRR（Internal Rate of Return，內部報酬率）。

　　以小張的保單為例，保額 20 萬元、年繳約 15 萬元、連繳 6 年，如果 65 歲時身故，理賠金約 144 萬元，這張保單的 IRR 只有 1.7%；如果小張高壽，65 歲後年領 4 萬元，直到 105 歲再領回一筆祝壽金約 99 萬元，看起來好像最賺，其實 IRR 也只略增到 1.93%。

　　經過 step1 ～ 4 的評估，如果消費者都已了解養老險的實況，而自己又是屬於（1）不善投資；（2）存不住錢，就可以考慮用養老險當退休工具。反之，現階段最好是「謝謝再聯絡」，將有限的保費預算先拿去買保費較便宜的純保障型險種，接著靠投資型險種（變額年金）或是直接投資基金或股票等工具，籌措退休金，才能兼顧保障的同時，實現安心退休的目標。

長壽風險

# 算算看，
# 保單在你退休後的「真實報酬率」？

媒體經常發佈不同單位所做的退休調查，這些調查有一個共通性，就是國人主要的退休工具，不是存款、就是保險，「靠保單養老」已是常態，但是保單養老的效益，要算過才知道。

相信大家都想問：「我未來真的可以靠保單安心養老嗎？」保單「利率」真的比定存利率高一截嗎？只要用「內部報酬率：IRR」這項指標，就能試算出保單的真實報酬率。哪些保單適合用 IRR 檢驗呢？只要是標榜保費可以領回、強調保單增值、或是祝壽金等等的保單，都可以用 IRR 去檢視保單的真實投資價值。

因為再怎麼複雜的投資，只要掌握現金流出（繳出的保費）、與現金流入（可以領回的解約金、保價金、還本金、年金、祝壽金等等），都可以靠 IRR 公式算出保單的真實報酬率。

但若是「純保障」、「消耗性」的單純死亡險、非還本的醫療險、意外險，也就是沒有發生事故，保費繳了就領不回來的險種，就不能用投資報酬率的角度衡量保單效益。以下提供案例，算算看保單的真實報酬率。

### 案例：劉媽媽買單利增額終身壽險

　　劉媽媽、52 歲，業務員跟她推銷一張增額終身壽險，「只要繳費 6 年，保額年年單利遞增，可以對抗通膨」、「中途需要資金，解約就能變現」、「如果不解約，110 歲時還會按當年度保額送上祝壽金」、「預定利率 2.25%」。

　　劉媽媽聽到只要繳費 6 年、保單年年長大、更讓她眼睛一亮的是「利率 2.25%」，比銀行還高出 1% 多，劉媽媽看著業務員提供的解約金表，確實是年年增加，當下就決定把定存單轉為保單，當成退休工具。那麼這張保單的真實報酬率是多少呢？

　　劉媽媽購買的保額 12 萬元，年繳保費 62,722 元，繳費期 6 年，在繳費期間解約會蝕本，IRR 是負值；第七個保單年度解約，IRR 轉成正值；再等到第十一個保單年度解約，IRR1.54%、才終於追過投保時的 1 年期定存利率 1.3%。

　　劉媽媽要繼續耐心等到第二十五個保單年度，此時解約的話，IRR 終於站上 2%；第三十個保單年度解約，IRR 也還只有 2.05%，這時劉媽媽已經 82 歲了，即使如此，離原先業務員標榜的 2.25% 也還有段距離。

　　其實業務員強調的 2.25% 是所謂的「預定利率」，是保險公司用來計算保費的依據，預定利率高、保費較少；預定利率低、保費較高，預定利率 ≠ 保單報酬率。

長壽風險

# 如何用 excel 算出 IRR ？

Step1：找出保單「解約金表」或「保單價值準備金表」

Step2：開啟 excel 軟體，於 A 欄處 Key 保單年度

Step3：B 欄處 key 現金流量（因為有繳費的年度，等於是現金流出，數字應標示為負值；至於解約金、還本金、滿期金、祝壽金等，因為是現金流入，數字應標示為正值）

Step4：C 欄處 key 各年度末解約金（或保價金）

Step5：假設第 7 個保單年度要解約領回，B8 欄應填入 382,584（即第 6 年度末解約金）；假設第 8 個年度解約領回，B8 欄填 0（因為此年沒有解約，沒有解約金流入），B9 欄則填第 7 年度末解約金（以此類推）

Step6：輸入 IRR 函數（ = IRR(B2:B8)），也就是讓此函數將 B2~B8（第 1~7 年間所有的現金流出與流入）納入試算，就能算出第 7 年解約領回的話，IRR 是 0.45％。也就是花了 6 年時間年年繳費，第 7 年解約可以拿到的真實報酬率、年化報酬率。

Tips：去哪裡找保單的解約金、保價金？

管道 1（已經購買保單）：各保單內頁有解約金、保單價值準備金表

管道 2（尚未購買保單）：到各公司官網瀏覽「資訊公開」→「保單價值準備金與解約金」

| | A | B | C | D | |
|---|---|---|---|---|---|
| 1 | 保單年度 | 現金流量 | 年度末解約金 | 內部報酬率 | |
| 2 | 1 | -62,772 | 29,328 | | |
| 3 | 2 | -62,772 | 79,116 | | |
| 4 | 3 | -62,772 | 130,020 | | |
| 5 | 4 | -62,772 | 182,100 | | |
| 6 | 5 | -62,772 | 235,356 | | |
| 7 | 6 | -62,772 | 382,584 | | |
| 8 | 7 | 0 | 391,188 | 0.45% | IRR(B2:B8) |
| 9 | 8 | 0 | 399,984 | 0.84% | |
| 10 | 9 | 0 | 408,996 | 1.10% | |
| 11 | 10 | 0 | 422,412 | 1.27% | |
| 12 | 11 | 0 | 431,916 | 1.54% | |
| 13 | 12 | 0 | 441,636 | 1.62% | |
| 14 | 13 | 0 | 451,572 | 1.69% | |
| 15 | 14 | 0 | 461,736 | 1.74% | |
| 16 | 15 | 0 | 472,128 | 1.78% | |
| 17 | 16 | 0 | 482,748 | 1.82% | |
| 18 | 17 | 0 | 493,608 | 1.85% | |
| 19 | 18 | 0 | 504,720 | 1.88% | |
| 20 | 19 | 0 | 516,072 | 1.90% | |
| 21 | 20 | 0 | 527,676 | 1.92% | |
| 22 | 21 | 0 | 539,556 | 1.94% | |
| 23 | 22 | 0 | 551,688 | 1.96% | |
| 24 | 23 | 0 | 564,108 | 1.97% | |
| 25 | 24 | 0 | 576,792 | 1.99% | |
| 26 | 25 | 0 | 589,776 | 2.00% | |
| 27 | 26 | 0 | 603,036 | 2.01% | |
| 28 | 27 | 0 | 616,608 | 2.02% | |
| 29 | 28 | 0 | 630,480 | 2.03% | |
| 30 | 29 | 0 | 644,664 | 2.04% | |
| 31 | 30 | 0 | 659,172 | 2.05% | |

長壽風險

Tips：試算出來的結果是「#NUM!」，怎麼辦？

當 IRR 需要計算的期數增多時，IRR 函數可能會傳回一個訊號「#NUM!」（表示錯誤值），此時可以在 IRR 的公式中加一個 guess 值，譬如 1%，再算一次就會出現正確值。

公式＝ IRR（B2:B30,1%）

　　透過 IRR 指標，讓保單的真實報酬率透明化，清楚認識保單報酬率、也清楚掌握保單保額的變化，重新審視手中的保單，相信可以讓保戶做出更有利於自己的決策。

# 把終身壽險「活化」成退休金

> 想退休了嗎？先來盤點既有的退休準備吧！簡單來說，包括
> 儲蓄險、還本險、養老險、投資型保單等，這些保單因為有
> 「生存保險金」，都可以當作退休金的來源之一。

　　其實「終身壽險」也可以轉作退休準備。如果符合以下兩項要件：
（1）責任重擔已經卸下，譬如貸款還清、子女成人、高堂已享天年等；
（2）老後準備不足，就可以考慮將原本為了身故保障而買的終身壽險
「活化」為退休準備。

　　終身壽險原本就有變現的機制，包括解約與貸款，直到金管會因
應高齡化的趨勢，於 2014 年間推動「保單活化政策」，也就是允許
將終身壽險轉換為年金險、醫療險、長看險，於是終身壽險的「活化」
定義更廣，管道更多元，包括有：保單貸款、部分解約、全部解約、
保單轉換等，都有利於退休族將原本是「保障別人」的終身壽險，轉
為「保障自己」。

　　但是其中的保單貸款，出發點是希望身故保障的保額仍然能全部
保留，如果人生重擔已經卸下，就沒必要用借款貼補退休金的同時，
還要支付貸款利息，本文主要針對第二～四項進行評估。

長壽風險

**重點 ❶：目前只有特定公司與特定保單提供轉換**

目前並非所有壽險公司與所有終身壽險保單都有提供轉換選擇，通常是高預定利率保單越多的老公司越積極，譬如國泰人壽的終身壽險保單中，可做轉換的有一百多萬件，預定利率約在 6.00 ～ 7.75% 之間。而且國壽首波僅開放擁有「已繳費期滿、特定終身壽險商品」的保戶才可申請辦理。

雖然老公司主要是為減緩「利差損」壓力而提供保單轉換，但是對於退休金不足的保戶，確實也擁有了新選項，可說是「兩利則合」。未來保戶選購終身壽險，可以將該公司對於保單活化的彈性列入考量。譬如可轉換的終身壽險是否只侷限特定保單；可供轉換的年金險、醫療險、長看險，商品數量是否有較多選擇；年金險是否有提供年給付、季給付、月給付等選擇等等。

**重點 ❷：轉換為醫療險與長看險，可享有較便宜費率**

30 歲時買的終身壽險，60 歲時轉換為醫療險、長看險，會不會超過承保年齡呢？保費會不會變很貴呢？答案是不用擔心超齡問題，費率也是比照 30 歲時的水準，這是保單活化的優點之一。

只是轉換前要配合填寫「健康告知書」，在特定情況下要進行體檢，譬如達到一定的年齡門檻、或是達到醫療險日額一定門檻、長看險保額一定門檻者。但是選擇轉換至年金險則不用體檢。

**重點 ❸：轉換為年金險，會喪失變現性**

壽險公司為鼓勵保戶轉換，通常會提供較目前市售保單略高一些

的預定利率，以及較長的保證年期。但要注意的是，開始領取年金後，保單就不能再申請貸款與解約，也就是這筆資金完全喪失變現性。

另外轉換為年金險後若較早過世，與選擇「部分解約」相較會較為不利，因為後者除了已領的解約金之外，還有一份剩餘保額的身故保險金，也就是：年金險的已領年金＋保證期內未領年金＜部分解約的總領解約金＋身故保額」

簡而言之，選擇年金險，就是越高壽越得利，越早過世越吃虧，但是不要忘記：年金險的真諦是要防範高壽風險，而不只是資金效益。

### 重點 ❹：部分解約，領取總金額不如年金

選擇年年部分解約的考量是：每年仍可領取一筆解約金，等同年金險的年金給付，而且在全部解約完畢前，仍可保有資金運用彈性，以及部分的身故保障。

但是想要同時享有資金運用彈性與身故保障，當然要付出代價：相同條件下，部分解約所領取的「總解約金」，會少於選擇年金險領取的「總年金」，不管是跟保證期內的總年金金額、或是跟保單到期的總年金金額相較，都會少一截。（詳見次頁表格）

而且保額全部解約完畢後，保單完全失效，但是年金險則可以保障到終身（110 歲），真正達到「活到老、領到老」的退休準備目標。

### 重點 ❺：全部解約轉買其他家的即期年金險

終身壽險只能轉換同一家的年金險嗎？當然不是，保戶也可以選擇全部解約，改買其他家公司的「即期年金險」。以國壽保單活化

專案為例，65 歲、女性，將保額 230 萬元終身壽險保單解約可得約 94.5 萬元。

若將這筆保費躉繳轉買三商美邦長鑫即期年金險（保證 20 年），每年可領年金約 4.2 萬元，為何同樣條件下，不如選擇國泰保單活化專案的年金 5 萬元？因為國泰提供的專案預定利率是 3% 以上，而三商美邦該張保單預定利率為 2.25%，預定利率越高，每年領取的年金越高、總領取的年金也越高。（費率會有變動，以保險公司實際內容為準）

要注意的是，目前提供即期年金險的公司越來越少，缺乏競爭的情況下，報出來的預定利率當然也不如預期。反而越是積極進行保單活化的公司，報出來的年金險預定利率也會越優，保戶可以請壽險公司提供上述 3 種管道的試算表，再決定最適合自己的方案。

## ｜ 終身壽險 3 種活化管道比一比 ｜

|  | 轉換為活化專案年金險 | 部分解約 | 全部解約轉買其他即期年金險 |
|---|---|---|---|
| 年領金額 | 5 萬元👍 | 5 萬元👍 | 42,654 元（全部解約金 94.5 萬元，轉買其他即期年金險、保證 20 年） |
| 總領取金額 | 150 萬元（保證 30 年間）225 萬元（領到 110 歲）👍 | 約 139 萬元（按保額逐年解約） | 約 85.3 萬元（保證 20 年間）約 191 萬元（領到 110 歲） |
| 領取年齡上限 | 110 歲（保單終止）👍 | 93 歲（解約完畢、保單終止） | 110 歲（保單終止）👍 |

說明：以國壽保單活化專案為例：65 歲女性，將身故保額 230 萬元轉換為年金險；其他即期年金險為「三商美邦長鑫即期年金險」；以各家公司保單實際內容為準。

退休準備的前提是：固定領到的金額越高越好、可以領取的時間越長越好，從這個角度來看，選擇轉換年金險專案，就比部分解約、或是全部解約轉買其他即期年金險有利。

### 重點 ❻：保單維持原狀，請子女提供孝養金

以附表 3 個管道，可以發現到，就算活到 110 歲，不管是總領取年金、或是總領取解約金，都比身故保額少一大截。而且轉換保單的預定利率雖然略高，但是仍遠不及早期販售、動輒 6 ～ 7% 以上的高預定利率。

於是有專家建議，終身壽險仍然維持不動，等到天年後讓子女領取身故保險金最有利，至於不足的退休金，則由子女孝養提供。採取此一方案的前提是：子女有能力孝養、並且不用擔心道德風險。

從不少真實的社會案件來看，弒父、弒母換取提前拿到保險金，小心身故保險金的受益人，可能即是加害人。當你的長壽風險換由子女來扛時，即使有終身壽險當做交換誘因，還是要防範可能的道德風險。

身故風險

殘廢風險

疾病風險

長壽風險

CH.**6**

# 實戰規畫

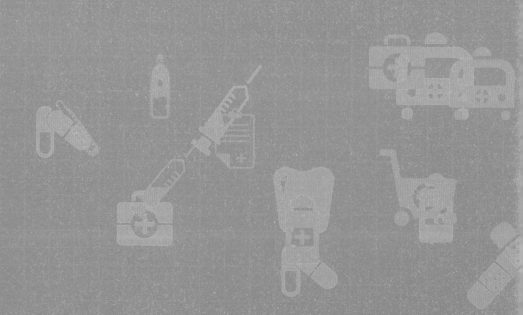

繼「認識風險→買對保險→買夠保險→買好保險」後，接下來要進入「實戰規劃」的階段。一般的消費商品，銀貨兩訖、買賣雙方關係告一段落；但是保單生效後，保戶與保險公司才將要開始禍福相倚的人生，直到保單到期、甚至終身。

實戰規劃篇將提供如何挑選可以跟保戶地久天長的保險公司；如何挑選值得信賴的業務員、經紀人；如何用有限預算、買到保障最多的保單組合；更重要的是，如何在填寫保單時，就要避免日後可能的理賠糾紛。♥

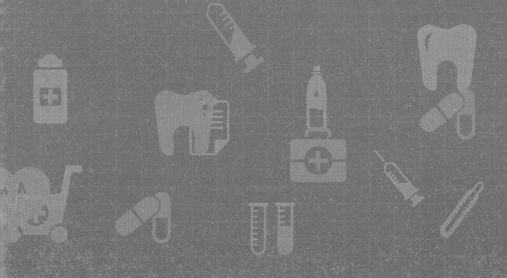

# 保費不超支，保險分批買

> 正所謂「天有不測風雲」，凡事按部就班地進行就好，過與
> 不及都非上策，買保險亦是如此……

　　確認自家最需要保障的風險，選對保險商品，也算出保障缺口，問題是、薪水只有一小包，沒辦法同時補齊所有的風險缺口；或是保費雖然繳得起，但是遠超過所得 1 成以上的合理比例，排擠到其他人生目標的準備，該怎麼辦？

　　我們的建議是：分批買，按「風險負擔能力、預算、發生機率」，來決定購買的先後順序，就能讓年度保費支出控制在年收入的 1 成上下。

## 順位 ❶：意外險（對抗殘廢風險）

　　人生有 3 大風險：死太早、活太久、殘太重，最嚴重的是「殘太重」的風險。根據勞委會的一份研究報告，勞工因為職災而造成的 1 ～ 3 級殘（譬如失明或斷手斷腳等），存活時間平均在 13 ～ 18 年。如果年輕時就面臨重殘，餘命時間可能會更長、風險負擔更重。

　　因為殘廢造成長期失能，不只原有的收入中斷，還額外需要一筆照護金，等於是雙重打擊，因此保障殘廢風險，應該列入第一優先。

費率最便宜、保障殘廢等級最廣的意外險，可以先當做抗殘主力，年繳 1 千多元、就可以買到 100 萬元保障，產險公司出單的意外險費率更便宜。

## 順位 ❷：殘廢險／殘扶金（對抗殘廢風險）

　　但是抗殘不能只靠意外險，因為意外險理賠嚴格，如果是疾病造成的殘廢，就需要靠殘廢險、殘扶金等險種，詳見「買好保險」篇，「殘廢風險支柱 2：殘廢險＋殘扶金」一文。

## 順位 ❸：定期壽險（對抗早逝風險）

　　對抗早逝風險有意外險與壽險，但是意外險只限於「外來、突發、非疾病」造成的事故，理賠認定相當嚴格，所以身故風險的保障主要靠壽險。由於保額與年齡相同時，終身壽險保費比定期壽險貴了近 10 倍，保障死亡風險的主力應該是定期壽險，只要在需要扛負人生責任的期間買定期壽險就好。

## 順位 ❹：實支實付醫療險（對抗疾病風險）

　　疾病風險因為有全民健保做為第 1 道防線，抵抗疾病風險的急迫性可以排在殘廢風險、死亡風險之後。疾病風險主要是靠住院醫療險，住院醫療險又可以概分為 2 大類：實支實付型、日額給付型。

　　前者主要用來填補健保以外的住院費、手術費等實際支出；後者用來填補因住院造成收入中斷的經濟損失，或是聘雇看護的費用。預算有限時，選擇定期型的實支實付醫療險就好。

### 順位 5：重大疾病險（對抗重大疾病）

　　人近中年後，罹患重大疾病的風險漸增，「住院醫療險」是有住院才有理賠，但是像中風、癱瘓、尿毒症、癌症等重大疾病，住院治療的期間有限，真正的經濟風險是在出院後的長期療養，會剝奪長期的健康，還可能失去工作能力，因此有保障的必要。

　　重大疾病險是只要經過醫師診斷，符合重大疾病險所涵括的疾病項目，以及嚴重程度，就能請領一次給付、或是多次給付，由病患自由決定這筆保險金是要用在生活費、看護費、或特殊醫療費。雖然近年重大疾病有年輕化的趨勢，但是罹患重大疾病的平均年齡畢竟較年長，可以排在第五順位購買。

### 順位 ❻：年金險（對抗長壽風險）

　　死、病、殘的風險都獲得確保後，最後要對付的才是「老」的風險，也就是長壽風險。由於不是人人都能長壽到終老，因此老年風險的保障，可以排在第 6 順位，主要工具有長期看護險與即期年金險。

　　長看險必須是保戶失去自理能力後，才能獲得保險給付，主要按「巴氏量表」理賠的長看險，理賠認定嚴格，而且保費較貴。由於殘廢險／殘扶金也能發揮保障老年臥床的風險，因此建議用自有儲蓄、或是即期年金險做為長壽風險的主力。

　　按所得能力，分批買齊以上險種後，老、病、殘、死都能獲得基本保障，行有餘力再去添購選配險種，譬如終身醫療險、較高保額的終身壽險、防癌險等。

# 預算為 2 萬、4 萬、6 萬元的保險規劃

筆者設計 3 種情境，依照預算條件的不同（分別為 2 萬、4 萬、6 萬元），模擬在不同的預算、年齡層、風險缺口等條件下，讀者們應該如何規劃合適的保單。

本文用三種情境，模擬不同的年度預算、年齡層、風險缺口下，如何規劃相對應的保單。三種情境都是假設家計由先生扛負，如果是雙薪家庭，應按夫妻扛負家計比例分配保額（詳見「買夠保險」篇，「step4：已備保額－應備保額＝保險缺口」一文）。

本文的保單規劃建議，主要遵循以下原則：

（1）用最低保額的終身壽險當主約，目的是用來附掛較便宜的附約。因為若用定期壽險主約來掛附約，當定期壽險主約效期結束，沒有附約延續權的附約也會跟著失效。

（2）定期險部分，主要選擇費率最便宜的 1 年期，雖然 1 年期定期險多是「自然費率」（逐年或每 5 年費率上調），但是可以用最低的費率、買到當下最多的保障。

（3）按預算分批買。

單位：元

| 情境 | 情境 1 | 情境 2 | 情境 3 |
|---|---|---|---|
| 年度預算 | 2 萬 | 4 萬 | 6 萬 |
| 試算年齡 | 25 歲男性 | 30 歲男性 | 35 歲男性 |
| 早逝風險缺口 | 200 萬 | 600 萬 | 1,200 萬 |
| 規劃保單（名稱/保額/繳費年期/年繳保費） | 1.富邦新平準終身壽險<br>　10 萬 /20 年期 /2,710 元<br>2.友邦終身壽險<br>　20 萬 /20 年期 /6,760 元<br>3.第一金定期壽險<br>　180 萬 /10 年期 /3,060 元<br>or 遠雄千禧 1 年期定期壽險<br>　180 萬 /1 年期 /2,340 元 | 1.富邦新平準終身壽險<br>　10 萬 /20 年期 /3,010 元<br>2.友邦終身壽險<br>　20 萬 /20 年期 /7,440 元<br>3.第一金定期壽險<br>　560 萬 /20 年期 /17,360 元<br>or 遠雄千禧 1 年期定期壽險 | 1.富邦新平準終身壽險<br>　10 萬 /20 年期 /3,350 元<br>2.友邦終身壽險<br>　20 萬 /20 年期 /8,220 元<br>3.第一金定期壽險<br>　400 萬 /10 年期 /12,400 元<br>4.全球定期壽險<br>　450 萬 /15 年期 /17,100 元<br>5.遠雄千禧 1 年期定期壽險<br>　270 萬 /1 年期 /6,480 元 |
| 重殘風險缺口 | 1,000 萬 | 1,200 萬 | 2,000 萬 |
| 規劃保單（名稱/保額/繳費年期/年繳保費） | 1.友邦十一助行殘廢照顧附約<br>　500 萬 /1 年期 /1,900 元<br>2.友邦友備無患定期保險附約<br>　180 萬 /1 年期 / 年繳 444 元<br>　（每月給付 1 萬元，保證給付 180 月）<br>3.蘇黎世產險時來運轉系列二傷害險基本型<br>　保額 300 萬，附加傷害醫療實支實付 5 萬 or 傷害日額 1,000 元（二擇一），年繳 2,099+654=2,753 元 | 1.友邦十一助行殘廢照顧附約<br>　500 萬 /1 年期 /1,950 元<br>2.友邦友備無患定期保險附約<br>　540 萬 /1 年期 /1,500 元（每月給付 3 萬元，保證給付 180 月）<br>3.蘇黎世產險時來運轉系列二傷害險基本型<br>　保額 300 萬，附加傷害醫療實支實付 5 萬 or 傷害日額 1,000 元（二擇一），年繳 2,099+654=2,753 元 | 1.友邦十一助行殘廢照顧附約<br>　500 萬 /1 年期 /2,400 元<br>2.友邦友備無患定期保險附約<br>　1,500 萬元 /1 年期 /5,199 元（每月給付 10 萬，保證給付 180 月） |
| 疾病風險缺口 | 2,000 元實支 | 2,000 元實支 | 4,000 元實支 |

| | 富邦新住院醫療定期健康保險附約 | 富邦新住院醫療定期健康保險附約 | 富邦新綜合住院醫療保險附約 |
|---|---|---|---|
| 規劃保單 | 住院病房費 2,000 元額度，年繳 5,866 元（平準保費，含門診手術）or 富邦新綜合住院醫療保險附約<br>住院病房費 2112 元額度，年繳 2,818 元（自然費率，每 5 年遞增） | 住院病房費 2,000 元額度，年繳 6,353 元（平準保費，含門診手術）or 富邦新綜合住院醫療保險附約<br>住院病房費 2,112 元額度，年繳 2,966 元（自然費率，每 5 年遞增） | 住院病房費 4,048 元額度，年繳 5,514 元（每 5 年遞增） |
| 保費總計 | 23,493 元<br>（2,710+6,760+3,060+1,900+444+2,753+5,866） | 40,366 元<br>（3,010+7,440+17,360+1,950+1,500+2,753+6,353） | 60,663 元<br>（3,350+8,220+12,400+17,100+6,480+2,400+5,199+5,514） |

說明：表格規劃保單，僅為便於舉例解釋，非供推薦，實際費率以各家公司為準

　　細心的讀者會發現到，一般的保單規劃，大多集中在同一家公司，本文的建議規劃最多甚至分散到 4、5 家，保戶需要像花木蘭代父出征前「東市買駿馬，西市買鞍韉，南市買轡頭，北市買長鞭」，四處張羅行頭（保單）嗎？

　　由於各家保單各擅勝場，保費便宜與給付內容兼顧的保單，很少集中於同一家公司。再加上保戶除了選擇單一保險公司外，也可能透過販售多家保單的保經公司來規劃保單，雖然保單會分散到數家保險公司，但是可以委由同一業務員進行理賠申請與管理，兩者都可列入考慮。

　　以「情境 1」為例，假設男性 25 歲、年度預算 2 萬元，未超過 22K 族年所得的 1 成。需要保障身故風險、重殘風險、疾病風險。（表列保單僅為便於舉例解釋，非供推薦）

　　身故風險部分，「情境 1」的單身族雖然是一人吃飽全家飽，但考量父母退休後仍須扛負孝養責任，身故風險仍有保障的必要，缺口

假設為 200 萬元，規劃建議的對應保單有 3 張。兩張最低保額的終身壽險，主要用來附加殘廢險、醫療險等附約之用；一張 10 年期的定期壽險，保額 180 萬元，做為身故風險的主力。

重殘風險部分，缺口 1 千萬元，重殘風險遠比身故風險嚴重，至少應規劃身故風險保額的 2 倍。情境 1 案例 25 歲、還不用養家，身故風險只需 200 萬元，理論上，重殘風險保額只需 400 萬元。但是考量年輕若不幸重殘，餘生漫長，風險更甚中年後的重殘，因此重殘風險採取更高保額的規劃。

規劃共有三張保單，有兩張是不分疾病與意外致殘都會理賠的殘廢險附約，第一張是一次給付 500 萬元，第二張保額 180 萬元，每月給付 1 萬元，保證給付 180 個月（15 年）。第三張是意外險（傷害險），只能保障意外造成的殘廢風險，保額 300 萬元，但是可以用這張附加傷害醫療險。

疾病風險部分，需要保障住院日額 2 千元的實支實付，提供 2 種選擇：一張是費率略高，但是採取平準費率的住院醫療險附約；另一張是費率便宜、但費率每五年會遞增。

上述保單組合，補滿了 200 萬的身故風險缺口、1 千萬元的重殘風險缺口、日額 2 千元的住院醫療，總繳保費為 23,493 元。

如果想要更精簡費用，還可考慮在終身壽險主約繳費滿 1 年後，進行減額繳清（減少保額、保費全部繳清），附約效力持續，但總繳保費會更精省。以及將 10 年期的定期壽險換成 1 年期定期壽險，總繳保費可以進一步壓低到 14,000 元。

要提醒的是，想要用主約減額繳清來進一步省保費，必須符合若

干條件：（1）主約已經累積保價金；（2）保單未規定主約減額繳清、附約即失效，實際情況仍以各家保險公司規定為主。

特別一提的是情境 3 的身故風險（早逝風險），規劃建議動用了 5 張保單，除了前兩張最低保額的終身壽險主約，是用來掛附約，其餘 3 張定期壽險，是考量到扛負房貸、需要保障的身故風險缺口高達 1,200 萬元。

如果只用一張 20 年期的定期壽險對應，保費會相當沉重，而且房貸待償餘額是逐年下降，因此採取分段式規劃，分別有 1 年期、10 年期、15 年期（若同一家壽險公司有提供這 3 種年期的選擇，可以考慮集中同一家），當 10 年期與 15 年期效期結束時，待償餘額也將大幅縮小，在房貸還清前，還有低保額的 1 年期定期壽險可以應對剩餘的風險缺口。

# 4 種節費技巧，最多可省 30%

> 當保費有去有回時，你會繳得心甘情願；反觀可能有去無回時，保費會繳得心痛手軟。特別是「純保障型險種」，如果一路平安、沒有獲得理賠，保費就會「有去無回」。如何在保障不變的情況下，讓可能「有去無回」的保費少繳一些？

在「買好保險」篇中，提供 4 則關於定期壽險的省錢方案，包括「1 年期」、「分段式」、「優體保單」、「保額遞減型」。有的險種，購買產險公司的套裝方案，甚至會比壽險公司出的單省 3 成多。此外，還有哪些節費技巧呢？

### 技巧 ❶：自動轉帳，省 1%

有的保戶喜歡請業務員到府收保費，「因為有看到人，卡實在」，其實交付現金的風險不低，業務員捲款潛逃偶有所聞。如果自動轉帳，不只安全無虞，保費還可以折減 1%。

### 技巧 ❷：集體彙繳，省 2 ～ 3%

如果是「同一團體內所屬員工或成員及其家屬，採用 5 人（含

以上，經契約當事人同意，同一收費地址、或同一金融機構、或同一繳費管道」，也能享受「集體彙繳」的保費折扣。

　　譬如 AA 公司有三名員工與其二位家屬（配偶或直系親屬），都有投保 XX 壽險公司的特定保單，這些特定保單有提供集體彙繳，並且被保人都選擇自動轉帳繳款，就能享受 2 ～ 3% 的折扣，譬如 5 ～ 19 人為 2%、20 人以上為 3%。

　　所謂的「團體」定義，有的較為寬鬆，不僅指同一公司行號，也可以是某協會、工會、合作社等；但有的僅限同一公司行號、學校、政府機關，必須於同一工作地址上班，才能併入同一團體代號，依各家規定為準。

### 技巧 ❸：年繳較其他期別繳，省 4 ～ 5.6%

　　保費繳費期別有年繳、半年繳、季繳、月繳，手頭緊的保戶，偏好選月繳、季繳；手頭寬的保戶，傾向選半年繳、年繳。如果不是因為預算原因，建議選擇年繳，會較其他期別省更多。

　　因為保費費率是以「年繳費率」為準，以半年繳為例，不是按年繳費率 ×0.5，而是年繳費率 ×0.52，0.52 就比 0.5 多了一截。因為半年繳 1 次，1 年要繳 2 次，半年繳的年度總繳保費 =0.52×2=1.04。

　　而年繳總繳保費 =1（因為費率表是用年繳費率為準），「半年繳」的總繳保費會比「年繳」的總繳保費多繳 4%（〔 1.04 － 1 〕×100%=4%），同理可知，月繳的總繳保費會比年繳的總繳保費貴更多（詳見下表）。

單位：元

|  | 半年繳 | 季繳 | 月繳 |
|---|---|---|---|
| 費率 | 年繳 ×0.52 | 年繳 ×0.262 | 年繳 ×0.088 |
| 年度總繳保費 | 0.52×2=1.04 | 0.262×4=1.048 | 0.088×12=1.056 |
| 與年繳保費比較 | 多付 4% | 多付 4.8% | 多付 5.6% |

說明：保費是以年繳費率為準，各期別再按年繳費率乘上若干比例

## 技巧 ❹ · 團購保單，省 3 成

如果嫌「集體彙繳」省 3% 不夠看，還可以進一步「集體投保」，平均可省 3 成保費。同一公司行號，只要能湊足 5 人，就能購買團險。但要注意的是，雖然最低門檻只有 5 人，但 5 人的費率報價一定沒有 50 人的費率優。

真正能享受到團險優惠費率，最好是由企業主發動，參加人數佔全體員工數 75% 以上。通常團險會有不同套裝方案，方案內會包括定期壽險、意外險、住院醫療險、重大疾病險、癌症險等，再按不同計畫別，提供不同保額的選項。

參加團險後，如果不符合團險資格，譬如離職、退休、或人數縮減到未達最低門檻時，該怎麼辦？條款有「更約權」的團險，並且被保人仍然符合年齡、職業類別等條件，可以在 30 天內申請變更為同類型的「個人險」，而且不用重新核保、健康告知。但是要改用變更時的年齡重新計費，也就是保費會較貴了。

# 「保費最低」或「給付最多」，不一定最好

> 俗話說的好，「一分錢一分貨」的道理同樣適用在買保險，
> 給付項目最多的保單，保費往往也最貴。選保單，本不應該
> 用「絕對」原則，而是要用「相對」原則，一併參考保費與
> 給付項目，才是上策。

　　許多保戶在挑選保單時，經常會出現兩極化的標準：例如保費最
便宜，或給付項目最多，但一回到結算保費時，便會發現最便宜的代
價往往是：給付內容最陽春……。以下以定期壽險為例，讓讀者了解
挑選保單，不能只看保費或只看給付項目數量。

### 比較原則 ❶：保證續保

　　除了少數幾家公司有 1 年期定期壽險外，大多數是提供 10、
15、20、30 年期的選擇，由於年期越長、費率越貴，譬如 30 歲男性、
保額 100 萬元，10 年期保費約 19,000 元、15 年期約 32,000 元、20 年
期約 5 萬元。

　　如果想選擇保費較低的 10 年期，但是又擔心 10 年屆滿時，仍然
可能需要這份保障的話，就會希望保單有提供「保證續保」的機制。
保戶不需要重新「健康告知」，也就是不會因為年紀漸長、體況變差，

而被拒絕繼續投保。在表列的幾張定期壽險中，只有「全球定期壽險」與「中泰高福康定期壽險」有提供保證續保。

### 比較原則 ❷：身故／全殘給付

　　一般保戶對於身故／全殘理賠金的認知是：保額多少、理賠多少，但是有的保單是投保保額外，再加上「已繳保費」、或「已繳未到期保費」；有的終身壽險只有身故／全殘保險金，有的還多了祝壽金（即100歲或110歲保險到期時，被保人仍未天年，保險公司給付滿期金，契約終止），當然領越多、費率也會越貴。

### 比較原則 ❸：殘扶金

　　定期壽險被保人如果身故或全殘，可以領到身故／全殘理賠金，但若是保險期內因為疾病或意外而造成第6級以內的殘廢，有提供「殘廢扶助金」給付項目的保單，就能按殘廢比例領取殘扶金。

　　譬如「富邦享安定期壽險」，保額100萬元，1級殘可以每年領取15萬元的殘扶金（100萬×15%），2級殘13.5萬元，以此類推，直到保險期滿（或領取10年取其大）。

　　殘扶金的設計，等於讓保障範圍從原本只有身故、全殘，再擴大到3級殘、6級殘，保障範圍變大，當然保費也會升高，在表列的8張定期壽險中，富邦享安定期壽險的費率也最高。

### 比較原則 ❹：殘廢豁免

　　全殘、重殘，雖然能領到理賠金，但是謀生能力受創的情況下，

未到期的保費還是要繼續繳交的話，對於被保人當然會形成很大的壓力。有「殘廢豁免」給付項目的保單，就能「豁免次期以後應繳之保險費，至契約繳費期間屆滿時為止」。但是有殘廢豁免條款的費率，當然也會比沒有殘廢豁免的貴。

綜合前述幾項原則可以發現，表列的 8 張保單，「富邦享安定期壽險」因為有「殘扶金」與「殘廢豁免」等給付項目，保費費率最高；「第一金鼎天立地」雖然費率最便宜，但是給付項目也最陽春。

相較各張保單，「中泰高福泰」有「保證續保」、身故／全殘理賠「投保金額＋已繳未到期保費」、以及「2～6 級殘廢豁免」，雖然保費不是最低，但是擁有數項實惠的特色，如果最重視上述幾項原則的保戶，就會是心目中的首選。消費者應該依照自己最重視的需求，再去挑選保費相對便宜的保單。

## ｜ 定期壽險比較 ｜

單位：元

| 名稱 | | 富邦享安 | 中國信託新定期 | 友邦平安 | 全球 | 中泰高福康 | 第一金鼎天立地 |
|---|---|---|---|---|---|---|---|
| 保證續保 | | ✕ | ✕ | ✕ | 有（滿期不得逾 71 歲） | 有（滿期不得逾 70 歲） | ✕ |
| 身故全殘 | | 投保金額 | 投保金額＋已繳未到期保費 | 投保金額 | 投保金額 | 投保金額＋已繳未到期保費 | 投保金額 |
| 殘扶金 | | 1 級殘 15%、2 級殘 13.5%、3 級殘 12% | ✕ | ✕ | ✕ | ✕ | ✕ |
| 殘廢豁免 | | 全殘或2-6 級殘 | ✕ | ✕ | ✕ | 2-6 級殘 | ✕ |
| 保費 | 男 | 4,300 | 4,000 | 3,350 | 3,200 | 3,150 | 3,100 |
| | 女 | 3,090 | 1,900 | 1,810 | 1,500 | 1,640 | 1,500 |

說明：實際內容以各家保單為準

# 保險公司啊，請你一定要比我更長壽

> 買保險，圖的無非就是一個安心無憂的未來，但若保險公司經營不善倒閉了，保戶們的美好未來這下子就全數泡湯了……，買到適合自己的保單很重要，慎選保險公司，也是你我評估時不能忽略的重點項目之一喔！

2014 年 8 月間，金管會一口氣接管兩家壽險公司：國寶人壽、幸福人壽，金管會強調，「該二家公司被接管後仍繼續營運，保戶權益依保險契約約定內容不受影響……」。半年後，國寶、幸福順利標售轉手，相信這二家公司的近 50 萬保戶都吃了定心丸。

但是金管會也表示，未來的保險法修正方向將提出「財務狀況惡化達一定標準之立即糾正措施……有效減少保險業退場之處理成本」。簡單說，就是暗示保戶，未來問題保險公司的惡果，不會完全由政府或是全民買單，不在乎公司財務體質，一味只是貪便宜、或是圖高利的保戶，當問題公司被強迫接管時，既有保戶可能面臨保費被調高、或是給付被縮水的後果。

其實壽險業與產險業都有設立「保險安定基金」，但是安定基金規模有限，基金任務是「救急」，無法提供全額保障。譬如 2005 年，國華產險被勒令停業，是國內產險公司退場機制的首例，除了汽

機車強制責任險及地震險可獲得全額理賠外，其餘險種則是採「限額理賠」。

**| 壽險安定基金動用範圍及限額 |**

| 給付項目 | 每一被保險人給付上限 |
|---|---|
| 身故、殘廢、滿期、重大疾病保險金 | 得請求金額之 90%，最高 300 萬元為限 |
| 年金（含壽險生存給付） | 得請求金額之 90%，每年最高 20 萬元為限 |
| 醫療給付（不含長期照護） | 每年最高 30 萬元為限 |
| 長期照護 | 每年最高 24 萬元為限 |
| 解約金給付 | 得請求金額之 20%，最高 100 萬元為限 |
| 未滿期保險費 | 得請求金額之 40% |
| 紅利給付 | 得請求金額之 90%，最高 10 萬元為限 |

由於政府財政日益惡化，加上社會輿論對於全額賠付問題保險公司的撻伐，未來保戶不能太「靠勢」，抱著「便宜自己享，虧損全民扛」的心態，特別是購買長年期保單、生存險、年金險等保戶，要挑能比自己活得更久、更穩健的公司，而不是太早「夭壽」的公司，以下是評估公司體質的二大指標。

**指標 ❶：RBC200% 以上**

資本適足率＝自有資本額／風險資本額 ×100%（資本適足率以下簡稱 RBC），這是用來觀察保險公司承擔風險的能力。未來主管

機關會將資本適足率分為四個等級監理，分別是資本適足（RBC200％以上）、資本不足、資本顯著不足、資本嚴重不足（RBC50％以下）。

　　當 RBC 不到 50% 時，且未於期限內完成增資，也就是風險承擔能力很弱，又無法再跟股東要到錢去改善，即使淨值仍為正（資產＞負債），主管機關仍可依法強制接管。保戶應優先挑選資本適足的公司：即 RBC 穩定維持在 200% 以上的公司，也就是自有資本額至少是風險資本額的 2 倍以上。

　　目前主管機關規定各家公司對於 RBC 的更新頻率是：「每半年度終了後 2 個月內更新，及每年度終了後 3 個月內更新。」保戶可到「保險業公開資訊觀測站」查詢該項指標。

### 指標 ❷：淨值正數

　　同樣是在「保險業公開資訊觀測站」，可以查閱到各家保險公司的淨值。與前段「資本適足性之揭露表」同一瀏覽路徑，在「財務概況」項下點選「資產負債表」，將該表下拉到表格末端的「權益總計」，即為淨值（資產總額－負債總額）。

　　以朝陽人壽於 104 年 5 月資料為例，102 年度淨值為－ 1,659,969（千元），103 年度為－ 1,009,268（千元），104 年第一季－ 1,301,236（千元），顯示負淨值的情況仍在持續。

**如何查詢 RBC？**

保險業公開資訊觀測站 ins-info.ib.gov.tw →保險業資訊公開→點選

「單一查詢」→選擇「公司類別」（壽險或產險）→選擇「公司名稱」

→在「財務概況」一覽表中，點選「資本適足性之揭露表」。

以朝陽人壽為例：

▌公司概況

| 公司基本資料 | 各部門職掌及負責人明細表 |
|---|---|
| 分支機構資訊明紅表 | 董事、監察人、主要股東明細表 |
| 保險代理人 | 再保險人 |
| 關係人 | 代收保費機構 |

▌財務概況

| 資金損用表 | 資產負債表 |
|---|---|
| 綜合損益表 | 權益變動表 |
| 準備金（包括保險負債、具金融商品性質之保險契約準備及外匯價格變動準備） | 放款總額／逾期放款／逾期放款比率／備抵呆帳金額／備抵呆帳覆蓋率 |
| 關係人交易明細表 | 會計師簽證或核閱財務報告及意見書 |
| 現金流量表 | 盈餘分配或虧損撥捕之議決 |
| 資產評估 | 各項財務業指標 |
| 資本適足性之揭露表 | |

# 選對保單，也要選對通路

> 面對銷售手法不斷翻新的行銷大軍壓境，你除了張大眼看清楚保單內容是否適合自己以外，選擇不同的通路，對於投保權益也會有影響。

電話響起，「吳小姐您好，因為您是 XX 銀行的優質客戶，我們特別跟您推薦一張市場獨賣的產品……」；打開電視，「電話滿線囉，這張『鑽石意＋醫專案』提供您雙重保障……」；「吳小姐，您這張定存單真的要到期續存嗎？現在利率這麼低，要不要先參考我們的『限時存款』專案」。

上述三種情境賣的都是保單，第一種情境是電話行銷通路、第二種情境是電視購物通路、第三種情境是銀行通路，近來還興起的是網路通路。

不管是電話、電視、銀行、網路，因為允許販售的時間較短促，傾向推銷內容較單純的類定存保單（養老險、儲蓄險、還本險）、或是訴求可以一站購足、保費便宜的套裝式產品。

也由於思考時間短促，消費者很容易衝動性購買，如果保單送達次日的 10 天內（保單審閱期），沒有及時撤銷契約，保單就正式成立。消費者面對多元通路的輪番「進擊」，還是要循著「認識風險」→「買

對保險」→「買夠保險」→「買好保險」的順序，經過嚴謹的「需求分析」後，再決定是否購買，否則通路越多元，亂買、錯買、買太多的機率也會升高。

此外，保險業又可區分為三種業態：保險公司、保經公司、保代公司，這三種業態都能販售保單。我們以專賣店與大賣場做比喻，消費者會更容易理解。當我們想要買家電時，可以在單一品牌專賣店買（譬如大同、東元等經銷站），也可以選一家有代理各品牌的家電綜合賣場（譬如燦坤）。

同樣的，當我們準備買保單時，可以只找某一家保險公司，也可以找綜合賣場，後者可以買到不同保險公司的商品，而保險經紀人公司（以下簡稱保經）與保險代理人公司（以下簡稱保代）都是所謂的「綜合賣場」。

綜合賣場相較專賣店，擁有三大競爭優勢：

## 優勢 ❶：方便挑到高 CP 值保單

專賣店的員工再怎麼專業，也只能販售自家的商品；但是稱職的

| 專賣店 VS. 綜合賣場比一比 |

| 保險業者類型 | 保險公司 | 保險經紀公司 | 保險代理公司 |
|---|---|---|---|
| 販售保單限制 | 只限販售自家保單 | 販售多家公司保單 | ・只代理特定公司保單<br>・販售多家公司保單 |
| 業務員隸屬 | 隸屬保險公司 | 隸屬保經公司 | 隸屬保代公司 |
| 公會官網 | www.lia-roc.org.tw | www.ibaroc.org.tw | www.ciaa.org.tw |

綜合賣場員工，了解各家商品的優缺點，如果有幫保戶執行完整的「需求分析」，更有機會協助消費者挑到適合自己的高性價比保單。

譬如死亡險，商品內容相同，A 公司與 B 公司費率可能會差到 1 成；或是費率差不多，但是 C 公司能提供 2 ～ 6 級的殘廢保險金，這些經過比較後的建議，在專賣店聽不到。

### 優勢 ❷． 更能挑到強項產品

再以家電品牌為例，雖然產品線相同，但是各有不同的強項產品，譬如大 X、日 X 的冷氣最具口碑；索 X 的電視最受好評等等，不少保險公司也是有其專擅主推的產品類型，想要買到各類最強的商品組合，綜合賣場的機率相對較高。

### 優勢 ❸． 協助理賠更積極

「專賣店」業務員畢竟是拿保險公司的薪水，但是「綜合賣場」則是保險公司的「客戶」，當保戶需要理賠時，特別是面臨較有爭議的「灰色地帶」時，綜合賣場的業務員比較可能幫消費者據理力爭。

但是有的保險公司並未開放讓保經代公司販售旗下保單，譬如國泰、南山、台灣、保德信、三商美邦等，或是只委託保經代販售部分保單，消費者若獨鍾某家公司的某張保單，還是只能直接向該保險公司購買。

## | 台灣壽險公司保單銷售型態 |

| 銷售型態分類 | 保單全部自售 | 保單部分自售、部分委售 | 保單全部委售 |
|---|---|---|---|
| 公司名稱 | 國泰（含國寶、幸福）、南山、台灣、三商美邦、保德信、中華郵政、法國巴黎、合作金庫、元大 | 富邦、中泰、中國、新光、朝陽、遠雄、宏泰、安聯、全球、中國信託、友邦、蘇黎世 | 第一金、台銀、保誠、國際康健 |

說明：實際型態以各家保險公司現況為準

綜合賣場（保經代公司）發展至今已經上千家，具規模的公司，業務員甚至上千人，但是很多消費者對於保經與保代的印象仍然較陌生，而且也不甚清楚兩者的差別。

其實兩者的實務運作大致相同，只是大多數保代公司是銀行轉投資成立，會跟多家保險公司簽代理約，販售多家保單；保經公司不附屬任何一家銀行或保險公司，理論上也會代理多家保險公司，但要注意的是，也有少數保經公司只販售特定保險公司、甚至是特定的商品。

譬如某保經公司主推增額型壽險，不太願意去碰需要較多售後服務的醫療險，消費者如果只有跟這種保經公司打交道，可能就會面臨醫療保障的缺口。

了解保經代的產業生態後，要如何挑選值得信賴的保經代公司？有三個參考重點。

（1）優先挑選中大型保險公司的合作夥伴。因為中大型保險公司，或是財務體質佳的保險公司，會慎選合作的保經代業者，消費者

可以要求保經代公司提供有合作的保險公司的名單，當成評估指標。

（2）比較組合建議。可以請數家業者提供保單組合規畫，如果還沒有先進行嚴謹的「需求分析」，保單組合就出來了，這種「綜合賣場」就要小心。甚至可找親友同事協助，觀察業者針對不同的客戶，是否提供的組合建議卻大同小異。透過交叉比較，可以提高找到最適合自己業者的機率。

# 32 萬名保險業務員大軍壓境，我該怎麼挑？

> 保險業務員滿街跑，不知道誰才值得信賴。特別是面對保險業務員就是親朋好友時的親情攻勢，如何應對？絕對是一個很重要且精彩的戲碼，接下來我們就要教大家如何慎選？進行攻防？

八仙塵爆案過沒多久，小卉就收到一位保險業務員傳來的簡訊：「月存1千、將來有需要讓您月領4萬，重大燒燙傷150萬元⋯⋯」。這位業務員其實曾經服務過小卉媽媽，媽媽無力再買任何保單後，業務員就改傳新保單的簡訊給小卉。小卉說，她沒見過這位業務員，業務員也不了解她的需求，卻一再發各種新保單的簡訊給她，「而且這些簡訊推銷的保單，不管是醫療險、意外險、壽險，幾乎都有還本，保費都好貴」，小卉邊搖頭、邊刪除簡訊。

投保過程中，業務員其實扮演很重要的角色，不只要能指導「需求分析」、提供對的產品、還要能做好「售後服務」，也就是協助申請理賠。而且保單牽涉到財務、稅務、法律、醫學，稱職且專業的業務員、以及背後的支援團隊，要能夠提供客戶正確觀念與解惑，不是等到事故發生，才發現保單錯買、亂買。

根據保險公會統計，截至 2013 年底，保險業務員登錄人數約 32 萬人，要如何在這批保險大軍中，挑選一個可信賴的業務員，有 3 個參考指標。

## 指標 ❶：合格證照

賣保單、一定要有證照，銷售壽險保單必須有「人身保險業務員」證照、銷售產險保單必須擁有「財產保險業務員」證照、如果是銷售投資型保單還需加考「投資型保險商品」證照，才能進行招攬業務。

因此初次與業務員接觸，或是打算委託某業務員購買保單的話，應要求業務員出示相關的合格證照，並且檢視該證照是否還在有效期間（每 5 年需進行測驗與換證）。

→ 注意證照是否已失效

## 指標 ❷：一定年資

謝金燕、五月天怎麼都在幫保經公司、保險公司拍增員廣告？其實保險公司年年都在大規模的增員（招募新進業務員），因為菜鳥業務員的陣亡率很高。

保險公司每月、每季、每半年、每年都會要求業務員要達到一定

的業績，連續幾期都無法達到目標，只好摸摸鼻子走人。如果年資太淺，表示尚未通過業績考驗，未來你的保單可能會變成「孤兒保單」；而且年資淺、協助客戶理賠的經驗當然更淺，因此很多保險專家會建議，優先選擇有一定年資的業務員，會比較保險。

## 指標 ❸：顧客導向

不會有業務員敢說自己不是「以客為尊、顧客導向」，但是形勢比人強，保險業界獨特的薪獎制度（譬如部分保單首年佣金超高），與各種業績指標，讓部分業務員也必須向錢衝，特別是「首年度保費收入」（FYP）。

FYP 代表業務員為公司帶進來的新保單收入，保險公司的成長動能與市占率主要都是看 FYP。為了刺激 FYP 能夠年年高成長，保險公司會舉辦各種業績競賽。為了公司業績與自己的荷包，不免會衝刺能創造高保費甚至高佣金的險種，但是這些險種未必是最適合客戶的險種。

譬如同樣是 100 萬元的身故保障，客戶可以選擇「一年期定期壽險」、「終身壽險」、「增額型終身壽險」。如果是 30 歲男性，年繳保費分別約為 1,600 元、29,000 元、177,100 元；業務員佣金分別約為 400 元、23,944 元、123,970 元。

換成你是業務員，同樣是提供客戶 100 萬元身故保障，你會想賺幾百元的佣金？還是十幾萬元的佣金？如果公司還有一年期定期微型壽險，但是首佣是 0，你還會想要介紹給客戶嗎？答案不言可喻。

因此最重要的指標就是檢視你想託付的業務員，是否只是把你當

## | 身故保障都是 100 萬元，哪一類險種的佣金賺最多？ |

單位：元

| | 1 年期定期壽險 | 終身壽險 | 增額型終身壽險 |
|---|---|---|---|
| 年繳保費 | 1,600 | 29,200 | 177,100 |
| 初年度佣金 | 400 | 23,944 | 123,970 |
| 初年度佣金比 | 25% | 82% | 70% |

說明：30 歲男性、100 萬元保額，終身壽險與增額型終身壽險均為 20 年期繳費率，以某家壽險公司費率為例。

成衝刺業績的工具？還是能做到完全的顧客導向？譬如有沒有先幫你做嚴謹的「需求分析」？以及提出的保單組合是否先以「純保障」產品為主？

接下來，您也可以用三個問題，「面試」你所接觸的業務員，是否披著「顧客導向」的外衣，其實更重視的是自己的業績。

| 重視業績、勝過重視客戶的業務員 | 客戶提問 | 重視客戶、勝過重視業績的業務員 |
|---|---|---|
| Answer：這張保單的費率最便宜、這張快要停售了、這張利率比定存優…… | ◀ Q1. 有沒有值得推薦的保單？ ▶ | Answer：我必須先幫您作需求分析…… |
| Answer：退佣不方便，改贈送百貨禮券…… | ◀ Q2. 跟你買保單可以退佣嗎？ ▶ | Answer：退佣表示我的服務不優，我可能沒有這個榮幸繼續為您服務…… |
| Answer：我先將您的保單帶回去用電腦整理… | ◀ Q3. 可以幫我做保單健診嗎？ ▶ | Answer：我必須先幫您作完整的需求分析…… |

### Q1：有沒有值得推薦的保單？

沒有經過詳細問診的醫生，就忙著推薦某張「處方藥」最好，就像是沒有先替客入進行「需求分析」，就忙著推銷特定保單，面對這種重視業績勝過重視客戶的業務員，最好要提高警覺。

### Q2：跟你買保單，可以退佣嗎？

一位稱職且以客為尊的業務員，在客戶投保前，會花相當多的心力，幫客戶進行嚴謹的「需求分析」；會幫客戶荷包著想，尋找最符合需求、且性價比較高的保單；在客戶投保後，會持續追蹤客戶的風險需求變化，適度提醒哪些風險缺口需要調整，甚至會幫客戶爭取應得的理賠。

如果業務員用退佣做為交換，表示業務員可能犧牲日後的服務品質，只求爭取短期內衝高業績，這種業務導向的業務員，很難奢望會站在客戶端考量。因為他們重視的是業績競賽的「獎盃」，而不是長久累積的客戶「口碑」。

### Q3：可以幫我做「保單健診」嗎？

如果身體有恙，醫生還沒幫你聽診、問診，就要你把之前吃過的藥袋拿來，對著藥袋上的各項處方藥指指點點，並且直接了當的告訴你還缺乏哪些藥方？或是哪些藥方開錯了，對於這種診斷結果，你會放心嗎？就像是病患需要先檢查的是身體、不是吃過的藥袋；保戶需要先檢查的是整體的保障需求、財務狀況，不是已經買的一堆保單，「保單健診」的主角應該是當事人，因此需要一次以上的面談，以及完整的「問診時間」。若有業務員先檢查「藥袋」，檢查完後就要你補買新保單，這種業務員最好是「謝謝，再連絡」。

# 想要「有買有保庇」，請慎寫「要保書」

> 選對業務員，做完「需求分析」，也確定要買的保單後，接
> 著業務員會拿來一份「要保書」，保戶可要慎重填寫，這份
> 文件會決定日後是否「有買有保庇」，也就是能夠順利地領
> 到理賠金。

「要保書」是指「要保人」向保險公司投保時所填寫的申請書，
保險公司則是根據要保書內容，決定是否承保與計算保險費的依據。
在要保書的首頁會依序看到三種「人」：被保險人、要保人、受益人，
要保書應由「要保人」與「被保險人」本人審閱後親自填寫並簽章，
以下是填寫要保書的注意重點。

被保人：保險事故發生時，遭受損害、享
　　　　有賠償請求權的人。

要保人：對保險標的具有保險利益，向保
　　　　險人申請訂立保險契約，並負有
　　　　交付保費義務之人。

受益人：被保人或要保人約定享有賠償請
　　　　求權之人。

**重點 ❶：誰扛家計，誰當「被保險人」**

被保險人的定義是：保險事故發生時，遭受損害、享有賠償請求權的人。很多家庭幫小孩買了一堆保單，扛家計的家長卻是保障缺缺，一旦家長發生事故、遭受損害，原先那些用小孩當「被保險人」的保單，根本派不上用場，應該先幫扛家計者買對、買夠保障，行有餘力才幫小孩買。

值得一提的是，被保險人在要保書上簽字時，也要有警覺意識，如果沒有扛負家計、卻被規畫了鉅額保單，而要保人（受益人）又有財務問題時，即使要保人（受益人）是親人，簽字前也要謹慎三思。

**重點 ❷：不是人人都能當「要保人」**

要保人的定義是：對保險標的具有保險利益，向保險公司申請訂立保險契約，並負有交付保費義務之人。保險公司與要保人就像是契約的兩造雙方：甲方與乙方。

要保人的權利是：指定受益人、申請契約變更、申請保單貸款、終止契約。要保人的義務是：繳納保費、通知被保人職業及職務變更、及保險事故發生、告知義務（詳後段說明）。

不是任何人都可以幫別人買保險、擔任要保人，要保人只能幫下列被保人買保險：本人或其家屬、生活費或教育費所仰給之人（即幫你支付生活費或教育費的人）、債務人、為本人管理財產或利益之人。

**重點 ❸：受益人可以任意更換**

受益人的定義是：被保人或要保人約定享有賠償請求權之人。很

多妻子希望先生買保險，自己才有保障，但若填寫要保書時，先生是被保人、與要保人，即使當時的受益人是妻子，也仍有風險。

因為「受益人是由要保人指定，人數無限制，中途得以變更，次數亦無限制」。如果後來感情生變、先生有貳心，擔任要保人的先生仍然可以中途變更受益人。妻子如果是經濟弱勢，保費由先生繳納，妻子可以要求擔任「要保人」，才能確保日後「受益人」的權益。

### 重點 ❹：健康告知，否則保費白繳

要保書第二頁有一個區塊是「被保險人職業及健康告知」，健康告知內容有很多問項，蠅頭小字密密麻麻，保戶通常懶得細讀，即使細讀、因為記憶淡化、或是心存僥倖，加上有的業務員為求盡速招攬成功，也會有意無意地引導填寫為：□是 ☑否。

但卻忽略了要保書上載明：「……違反誠實告知影響危險評估，依保險法第 64 及 25 條規定，本公司得解除保險契約且無須退還所交之保險費，保險事故發生後亦同」。

而且要保書上載有聲明事項：「本人「被保險人」同意 XX 人壽得蒐集、處理、及利用本人相關健康檢查、醫療、及病歷個人資料」。譬如過去 5 年內曾經針對高血壓接受醫生治療、診療、用藥，但在健康告知一欄卻在「否」項打勾，一旦發生保險事故，即使投保超過兩年，保險公司因為已經取得被保人的授權，可以逕行申請調閱過去相關的病歷等資料，主張被保人未誠實告知健康狀況，有權解約並沒收已繳保費。很多保險糾紛都是由此而起，因此保戶務必嚴肅面對。

## 重點 ⑤：務必指定受益人

　　要提醒的是，有的頂客族或是父母買保險，心想自己若有萬一，反正保險金一定是由另一半或是子女繼承，並未特別指定受益人。但是根據保險法第 113 條規定，「死亡保險契約未指定受益人者，其保險金額作為被保險人遺產。」

　　如果被保人也留有負債，依法就要先用遺產去償還負債，也就是保險金可能要先拿去還債，因此受益人一欄務必填寫，才能將遺愛真正用在最想保障的親人身上。

　　總之，要保書是一項法律文件，若想真正獲得保障，務必要逐項細讀並填寫，而不是任由業務員指示，「請在要保人與被保人這一欄簽上大名就好」。

# 幾十頁的保單，該審閱哪些重點？

你是否也曾遇過，貨比三家後終於決定買下某一份保單了，但卻發現業務員送來的保單裡，條款內容洋洋灑灑就有十來張，不知從哪裡審閱，這下子你該怎麼辦？

劉太太的父親與婆婆都出現失智症的徵兆，照護重任幾乎都落在劉太太身上。接著又傳來堂弟中風的壞消息，堂弟的子女也正忙著申請外籍看護。劉太太深刻體會到這些疾病對於家庭的衝擊。

剛好業務員收費時帶來一張終身型的特定傷病險 DM，DM 上面提到的特定傷病項目有包括中風、阿茲海默症等，都是劉太太最擔心的疾病，劉太太考慮了幾天後，就通知業務員來寫要保書了。過一陣子，業務員親自送來保單，劉太太簽收後就放心地收起來，心想以後就不用再擔心中風、失智的問題了。

其實業務員的口頭說明、或是 DM 內容，都不能當作真正的屏障，一切要以「保險單」為準。保戶應該在「審閱期」仔細閱讀保單條款，如果與原先的期待有落差，可以要求撤銷保單。

審閱期是指「業務員送達保單翌日起算 10 天內，得以書面檢同保險單向本公司撤銷本契約」。如果不只買一張保單，而是好幾張保單，譬如一個主約＋好幾個附約，保單一疊幾十頁，該如何審閱呢？

以下是建議的閱讀重點。

## 重點 ❶：給付項目

　　翻開一疊保單，前面會先看到「保單首頁」、「身故、生存、滿期、解約金額表」、「要保書」、「契約審閱期間確認聲明書」等文件，保戶可以先跳過，直接翻到保單條款頁，也就是有第 1 條、第 2 條，多達幾十條的區塊，這才是決定保戶未來能否領到保險金的法律依據。在保單條款頁首最上方，保戶可以找到「給付項目」，這是該張保單確定有提供哪些理賠金種類。

```
■■1030501    1/6
商品代號：■■

            ■■人壽真心照護終身健康保險附約
      【給付項目：特定傷病保險金、豁免保險費】
      【本保險為不分紅保單，不參加紅利分配，並無紅利給付項目】
      【本保險因費率計算已考慮脫退率，故本保險無解約金】
本商品經本公司合格簽署人員檢視其內容業已符合一般精算原則及保險法令，惟為確保權益，
基於保險公司與消費者衡平對等原則，消費者仍應詳加閱讀保險單條款與相關文件，審慎選擇
保險商品。本商品如有虛偽不實或違法情事，應由本公司及負責人依法負責。
投保後解約或不繼續繳費可能不利消費者，請慎選符合需求之保險商品。
保險契約各項權利義務皆詳列於保單條款，消費者務必詳加閱讀了解，並把握保單契約撤銷之
時效（收到保單翌日起算十日內）。

                      101.09.20 ■商精字第 1010002437 號函備查
                      103.05.01 依 103.01.22 金管保壽字第 10202131810 號函修正
```

## 重點 ❷：名詞定義

　　以劉太太買的特定傷病險為例，劉太太就要仔細閱讀該保單對於各項特定傷病的定義。譬如劉太太最在意的中風，該保單只限定是「腦中風」，如果是「眼中風」、或是其他部位中風，就不在保障範圍。還有要等事故發生 6 個月後，才能申請理賠，不是剛罹患腦中風就能提出申請，等長達半年的復健後，經過專業鑑定為「永久性神經

機能障礙」。

　　並且要符合四種條件的其中一項，譬如植物人、一肢以上機能完全喪失等。就以一肢以上機能「完全喪失」為例，上肢的三大關節有肩、肘、腕，下肢的三大關節有股、膝、踝，不管是上肢或下肢，都必須三大關節中的兩大關節機能完全喪失，才符合請領資格。

【名詞定義】
第二條　本附約所使用之名詞，定義如下：
一、「醫院」：係指依照醫療法規定領有開業執照並設有病房收治病人之公、私立及醫療法人醫院。
二、「教學醫院」：係指有教學、研究、訓練設施經依法評鑑可供醫師或其他醫事人員接受訓練及醫事院、校學生臨床見習、實習之醫療機構。
三、「醫師」：係指依法令取得醫師資格並經核准執業者。
四、「專科醫師」：係指經醫師考試及格，完成專科醫師訓練，並經中央衛生主管機關甄審合格，領有專科醫師證書者。
五、「保險年齡」：係指按投保時被保險人之足歲計算，但未滿一歲之零數超過六個月者加算一歲，以後每經過一個保單年度並加算一歲之年齡。
六、「保險金額」：係指主契約保單首頁所載之本附約保險金額，倘日後保險金額經要保人申請變更，則以變更後之金額為準。
七、「意外傷害事故」：係指非由疾病引起之外來突發事故。
八、「等待期間」：係指被保險人自本附約生效日起持續有效三十天之期間。
九、「特定傷病」：係指被保險人於等待期間屆滿後經醫院診斷確定符合下列各目定義之特定傷病項目之一。但因遭受意外傷害事故所致者，不受前述等待期間之限制：
　　（一）腦中風：係指因腦血管的突發病變導致腦血管出血、栓塞、梗塞致永久性神經機能障礙者。所謂永久性神經機能障礙係指事故發生六個月後經腦神經專科醫師認定仍遺留下列殘障之一者：
　　　　1、植物人狀態。
　　　　2、一肢以上機能完全喪失者。
　　　　3、兩肢以上運動或感覺障礙而無法自理日常生活者。所謂無法自理日常生活者係指食物攝

　　還有像是「阿茲海默症」，要符合無法自理日常生活活動其中三項以上，包括進食、大小便、入浴、穿脫衣服、起居、步行，且持續六個月以上。如果只是剛開始的輕度或中度失智，還不符合該張保單的請領資格。

### 重點 ❸：保險範圍

　　重點 1 所列的「給付項目」，在保單條款中都可找到該給付項目

的「保險範圍」，這裡會詳列出該項給付的內容、限制。譬如前述的特定傷病險，會在保險範圍條款中註明：不論是同時或先後發生二項以上的特定傷病、或是同一傷病發生二次以上，都只給付一次保險金。

　　也就是這張特定傷病險，雖然列出多項特定傷病，乍看都能保障到，但因為只給付一次保險金，其實保險範圍相當有限。

## 重點 ❹：除外責任

　　除外責任是指該條款會列出哪些狀況下，即使發生保險事故，保險公司也不會給付保險金，譬如「故意行為」（自殺與自殺未遂）、「犯罪行為」、「吸毒」等。

　　保戶因為閱讀 DM 而產生投保意願，但是上述內容都只會顯示在保單條款中，與其等到申請理賠時才恍然大悟，應該在保單審閱期就仔細閱讀，條款文字才是真正的法律屏障。

# 如何幫孩子投保，規劃最完整的保單？

> 很多新手父母送完彌月蛋糕後，就忙著開始幫小孩買保險，認為「愛他，就是幫他買保險」、「保險越早買越好」。因為大多數保險是根據年齡計費，父母會認為越早買越便宜。但是以感性為出發點的行動，仍然需要理性的思考與判斷。

## 原則 ❶：父母的保障先買夠，再幫子女投保

「您看這張終身醫療險，0 歲費率比 20 歲便宜約 2 成，而且現在就可以提供保障」，於是一籮筐的保單中，被保人竟然大多是小孩。由於父母是經濟支柱，一定是父母的保障先買夠，接著才將剩餘預算撥到小孩身上。

## 原則 ❷：子女單獨投保

單獨投保、就是子女自己也有一份主約。但是有的父母為了省下主約的費用，將子女的相關附約掛在自己的主約之下。一旦父母的主約到期或死亡，沒有延續權的子女附約，就會面臨失效的風險。

失效後、子女要另買一張新主約，保險公司可能會要求子女體檢，並以改買新主約時的年齡計費，保費會更貴。正確做法是：子女單獨買一張主約，譬如終身壽險，只要買規定的最低保額，其他附約

掛在這張主約之下。

## 原則 ❸：優先購買殘廢險

　　保險的真義是：扛負不起的風險才需要投保，人身四大風險：老、病、死、殘，最需要幫子女保障的是重殘風險，最不需要保障的是死亡風險。因為年幼的子女尚未扛負家計，有工作能力的父母，不會去指望子女的身故理賠金。法令也規定，未滿 15 足歲的兒童若不幸身故，也只能加計利息返還已繳保險費。

　　至於老年風險（長壽風險），可以等子女成人後自己去儲蓄、投資因應；疾病風險通常是階段性的，而且有全民健保發揮最基本的保障；只有重殘風險，必須全力防範。

　　因為子女若不幸重殘，父母必須扛下照護重擔，子女年紀越輕、重擔持續時間越久，不論意外或疾病都理賠的殘廢險、或是只限意外事故才理賠的傷害險（意外險），應該是父母幫子女買的第一張保單。譬如某張 1 年期的殘廢險附約，保額 100 萬元，0 ～ 30 歲間，附約的首年年繳保費才 300 多元。

## 原則 ❹：通膨效應會讓保障貶值

　　很多父母會想趁著小孩年幼、費率便宜，儘早幫小孩規劃一堆終身型險種，「當作送小孩一份終身禮物」，但卻忽略這份心意會被通膨慢慢侵蝕。台灣第一家壽險公司誕生於 1947 年，日據時期也有日本的壽險公司在台灣販售保單。

　　這些五、六十年前買的保單，當年的阿公阿嬤們可是勉力才繳得

起保費，但是現在領到的理賠金都會讓人感到「少得不可思議」，頂多幾百元、數千元，完全無法應付現在的物價水準，這就是通膨對於長年期、終身型保單的侵蝕威力。因此父母雖然是以愛為出發點，還是要謹記：「我們最需要的是現在的保障、明日的保障，而不是幾十年後的保障」。

### 原則 ⑤：豁免保費與信託，更能高枕無憂

　　幫小孩買保險，被保人是小孩，但是繳保費的父母卻不幸過世、或重殘，保費無以為繼該怎麼辦？或是以年幼的子女為受益人，被保人：父母不幸過世，擔心監護人監守自盜怎麼辦？

　　前者可以加買一個「豁免保費附約」，而且是針對「要保人」：父母的附約，也就是若要保人有了萬一，無法續繳保費，該份保單仍然有效，仍能為子女發揮保障。

　　後者可以另外與銀行簽立「保險金信託」契約，以理賠金作為信託財產，聲明子女成人前的理賠金交付給銀行，由銀行來代為經管，依信託契約的約定分期給付、或有條件式的給付給子女，就能確保遺愛完全用在子女身上。

# 不求業務員，你也能幫保單做「健檢」

> 根據統計，台灣保戶平均每人有 2.22 張的保單，保單種類
> 多、條款內容又複雜，保戶忘記自己到底買了哪些保單，並
> 不意外。如何確定自己的保單內容夠用？夠好？何不趁此時
> 來幫保單們做個年度健檢吧！

　　老太太問：「我吃過藥了嗎？」、老先生答：「好像有、又好像
沒有」，這是一則改善腦循環用藥的廣告，其實把問答內容改成以下：
「我買過 XX 保單嗎？」、「好像有、又好像沒有」，一樣能把台灣
保戶的現狀，很傳神的表達出來。

　　即使有印象，還是會有疑惑：到底買的對不對？買的夠不夠？如
果有人願意提供免費檢視服務，當然會求之不得，這正好提供業務員
接近保戶的最佳機會。要如何判斷業務員的免費服務，不是別有居
心、趁機賣更多的保單？

　　可以觀察業務員是直接體檢保單？還是先幫全家進行嚴謹的「需
求分析」？如果是前者，而且健檢保單後的建議是：「解約舊保單，
換購新保單」，或是需要「另外加買新保單」的話，9 成以上機率是
為了自己的業績。

　　因為業務員若只幫保戶體檢保單，而不是先體檢家庭的財務體質

與風險缺口，就像醫生只檢視患者帶來的藥單，沒有進行詳細的問診、檢查，卻告訴病患：要換另一種藥、新買一種藥，這種診斷過程顯然荒謬。

如果有先做「需求分析」，還要看業務員執行的嚴謹度。譬如是否先充分了解客戶的基本資料、家庭成員數、資產狀況、最擔心的風險類型、以及需要保障的程度，再算出客戶「應該有的準備」與「已經有的準備」

 **什麼是「應該有的準備」與「已經有的準備」？**

・「應備」是指客戶在來不及累積足夠資產以因應風險的情況下，不幸發生「死、病、殘」時，必須幫家人、或幫自己預先準備的費用，譬如（1）基本生活費用，（2）父母親的孝養費用，（3）子女的教育費用、（4）未清償的房屋貸款或房租等。

・「已備」是指客戶目前為止已經累積的保險、儲蓄與投資，因此客戶的既有保單，只是「已備」的其中一環。如果既有保單的保額很低，但是儲蓄與投資部位已經很多，就沒有必要再買保障相同風險的新保單。

貼近真實的算出「應備」與「已備」後，才能知道兩者之間有沒有缺口，如果缺口很大，才需要加買保額或新保單；如果沒有缺口、

甚至是過剩的話（已備 ≥ 應備），就不需要再把資金配置到保單上了。

　　這個動作其實不用勞駕業務員，按著本書《買夠保險》篇相關文章，自己也能進行「需求分析」。做完需求分析後，了解到底有沒有保額缺口，再進行保單彙整與健診，才能對症下藥。

　　如果有專業業務員或是財務顧問，能夠協助進行客觀的需求分析與保單健診，當然最省事。但若始終遇不到稱職的專家，或是自己也想花點時間搞清楚的話，保單健診也可以進行簡易版的 DIY。

### Step❶：建立保單彙總表

　　保單越多、建檔所費時間越多，依序將主要家計負擔者、次要家計負擔者、子女的保單建立到保單彙總表。保單彙總表的目的是將各張保單整合在一張表格，按險種性質分門別類，就可以一目瞭然全家買了哪些種類的保單？哪些風險已經有初步保障？

　　保單彙總表就是一張家庭保單的盤點清冊，清冊建立的過程雖然有點繁瑣，但是可以讓家庭有效管理自家的保單，也是達成：「買對保單、買夠保單、買好保單」目標的必須過程。

### Step❷：按給付項目填入保額

　　接著按各張保單主約與附約的實際給付項目，逐項填入給付額度，就能方便比較到底可獲得哪些理賠給付？再跟「需求分析」後得到的保額缺口進行比對，就能知道哪些給付內容是超額、還是不足額？有了這張彙總表，未來若再有業務員前來兜售新保單，只要一比對給付項目，就能降低瞎買保單的憾事。還有像是實支實付型的醫療

險，大多數保險公司都會要求要提供收據正本，但是醫院只會提供一份收據，如果沒有將同類型保單彙總，可能就會面臨前後買了兩張實支實付，可能只有一張請領得到理賠金。

### Step❸：加總同一給付項目的保額

建立彙總表的最終目的，就是要檢視各項給付的理賠金額有多少？也就是既有保險的真實「已備」金額。有了已備數字，再跟應備數字去對比，就能知道自家哪些風險缺口最大？哪些項目多買？重複買？

譬如（1）「儲蓄險」與「壽險」都有死亡保障（身故給付），彙總之後，就能清楚顯示死亡保障是過多或過少；（2）「重大疾病險」與「癌症險」都能獲得癌症理賠，如果已經先買了重疾險，且預算也已吃緊，就不需要針對癌症的保障去買癌症險；（3）實支實付型醫療險，若有重複投保而未通知保險公司，「保險公司可對同一保險事故中，已獲得健保或其他人身保險契約給付的部分，不負給付責任。」

### Step❹：加總全部保單保費

合理的家庭總保費佔家庭年收入約在 10 ～ 15%，如果超出合理比例太多，而且 step ❸ 的保額缺口還是很大，表示現有的一籃子保單需要進行調整了，顯然是將保費資源配置到錯誤的保單上了。

# 保單健診示範表

單位：元

| 被保險人 | stone | stone | stone | stone | stone | 保額（保費）合計 |
|---|---|---|---|---|---|---|
| 保險公司 | 富X | 南X | 南X | 富X | 富X | |
| 主契約名稱（類型） | 分紅終身壽險 | 還本終身保險 | 還本終身保險 | 增額終身壽險 | 增額終身壽險 | |
| 保單生效日 | 2000/4/26 | 2002/12/17 | 2002/12/17 | 2013/4/19 | 2013/5/24 | |
| 主約繳費年期 | 20 年 | 21 年 | 20 年 | 6 年 | 6 年 | |
| 今年實繳保費 | $ 20,255 元 | $ 27,690 元 | $ 26,730 元 | $ 416,052 元 | $ 82,296 元 | 573,023 元 (1) |
| 繳別 | 年繳 | 年繳 | 年繳 | 年繳 | 年繳 | |
| **壽險保障** | | | | | | |
| 身故保險金 | 200 萬 | 48 萬 | 48 萬 | 85.7 萬 | 16.95 萬 | 398.65 萬 (2) |
| 壽險終身保障（90 歲時） | 200 萬 | 61.5 萬 | 60 萬 | 1,112 萬 | 220 萬 | 1635 萬 (3) |
| 全殘保險金 | 200 萬 | 48 萬 | 48 萬 | 85.7 萬 | 16.95 萬 | |
| 2 − (6)11 級殘廢保險金 | – | – | – | – | – | |
| 殘廢扶助保險金（年給付） | 20 萬 | | | | | |
| 殘廢扶助保險金（月給付） | – | – | – | – | – | |
| 殘廢扶助保險金（一次給付） | – | – | – | – | – | |
| **意外保障** | | | | | | |
| 意外身故保險金 | 100 萬 | – | – | – | – | 100 萬 (4) |
| 意外殘廢保險金（按殘廢級數） | 100 萬 – 5 萬 | – | – | – | – | |
| 意外傷害醫療保險金 | 3 萬 | – | – | – | – | |
| 意外住院每日 | – | – | – | – | – | |
| 加護病房每日另給付 | – | – | – | – | – | |
| 骨折醫療保險金最高 | – | – | – | – | – | |
| **住院醫療保障** | | | | | | |
| 定額給付 | | | | | | |
| 住院費用每日 | 1,000 元 | – | – | – | – | 1,000 元 |
| 加護病房每日另給付 | 2,000 元 | – | – | – | – | |
| 手術醫療保險金每次 | 3,750 元 – 15 萬 | – | – | – | – | |
| 門診手術保險金每次 | 3,750 元 – 15 萬 | – | – | – | – | |
| 雜費每日 | – | – | – | – | – | |

（接下頁表格）

| 實支實付 | | | | | | |
|---|---|---|---|---|---|---|
| 病房費限額每日 | 1,000 元 | – | – | – | – | 1,000 元 (5) |
| 加護病房費限額每日另給付 | 500 元 | – | – | – | – | |
| 手術費每次限額 | 3 萬 | – | – | – | – | |
| 雜費限額 | 6.6 萬 | – | – | – | – | |
| 轉換定額型病房費每日 | 1,000 元 | – | – | – | – | |
| **重大疾病保障** | | | | | | |
| 重大疾病、特定傷病保險金（最高） | 100 萬 | – | – | – | – | 100 萬 (6) |
| 重大、特定傷病扶助保險金（每年） | – | – | – | – | – | |
| **防癌保障** | | | | | | |
| 癌症身故保險金 | 60 萬 | – | – | – | – | 60 萬 |
| 罹患原位癌 | 9 萬 | – | – | – | – | 9 萬 (7) |
| 初次罹患癌症／侵襲性癌症 | 9 萬 | – | – | – | – | 9 萬 (7) |
| 癌症照護／醫療保險金（年給付） | – | – | – | – | – | |
| 癌症住院每日 | 7,200 元 | – | – | – | – | 7,200 (8) |
| 癌症手術每次 | 9 萬 | – | – | – | – | |
| 出院療養每日 | 3,600 元 | – | – | – | – | |
| 門診醫療每次 | 3,000 元 | – | – | – | – | |
| 放射醫療每日／次 | 3,000 元 | – | – | – | – | |
| 化學治療每日／次 | 4,800 元 | – | – | – | – | |

色塊圖說：
(1) 年繳保費佔年度所得比例偏高
(2) 5 張保單累計的身故保障不到 400 萬元
(3) 增額終身壽險到晚年時的身故保障雖高達千萬元，卻無法及時保障責任最重的中壯年時期
(4) 意外險的殘廢保障是按殘廢等級理賠，合理保額通常為身故保障額度的 2 倍
(5) 定額給付與實支實付的每日病房費理賠合計為 2 千元，只剛好支付雙人房病房費差額，看護費就無法兼顧。
(6) Stone 雖有買重疾險附約，但是合理的重疾險保額應為家庭年支出的 5 倍，才能讓被保人安心養病
(7) 原位癌與初次罹癌保險金合計才 18 萬元，無法應付高達百萬元的標靶藥。
(8) 癌症每日病房費 7,200 元，再加上已買的住院醫療險每日病房費 2,000 元，由於健保新制限制住院日數，每日病房費準備過多。

##  現有保單購買動機

案例 Stone 今年 35 歲，要奉養高堂與妻小，是典型的「三明治族」，
剛入社會時，父母幫他買了第 1 張保單（終身壽險）；過了 2 年，

Stone 自己買了 2 張人情保單（還本險）；去年，在提早退休規劃的考量下，又買了 2 張保單（增額終身壽險），Stone 自己就擁有 5 張保單。

**應該準備保障額度：**

- 身故保障 1,100 萬元（父母孝養金 200 萬＋子女教育金 200 萬＋家庭生活費 300 萬＋房貸餘額 400 萬）
- 傷殘保障需求為 2,200 萬元（身故保障 ×2）
- 重大疾病保障需求為 400 萬元（5 年家庭年支出）
- 住院醫療保障需求為 4,000 元／日（雙人病房費差額 2,000 ＋看護費用 2,000 元）
- 癌症標靶用藥需求為 100 萬元

**應備保額與已備保額：**

| 保障類別 | 應備保額 | 已備保額 | 達成率 | 風險缺口狀況 |
|---|---|---|---|---|
| 身故保障 | 1,100 萬 | 約 400 萬 | 36% | 缺口過大 |
| 傷殘保障 | 2,200 萬 | 100 萬 | 4.5% | 缺口過大 |
| 住院醫療保障 | 4,000 元 | 2,000 元 | 50% | 缺口仍大 |
| 重大疾病保障 | 400 萬 | 100 萬 | 25% | 缺口過大 |
| 癌症醫療保障 | 標靶藥 100 萬 | 18 萬 | 18% | 缺口過大 |

**保單彙總後的診斷分析：**

1. Stone 夫妻年所得為 140 萬元，目前總繳保費高達年所得的 40%。通常保障型險種保費佔年所得的合理比例應在 10~15％，Stone 保費佔比飆高，歸因於去年買的兩張增額終身壽險，這兩張險種屬於理財型保單，也就是所謂的「高保費、低保障」的險種。

2. Stone 身負養三代的重任，年繳保費高達 57 萬元，經過保單彙總後可以發現，死、病、殘的保障都嚴重不足，因為 Stone 將主要的保費預算挪去保障老後的風險，其實現階段應優先保障的是死病殘等風險。

# 6 個步驟，從現有保單「擠」出預算

> 為了確保未來生活無虞，現代人習慣買保險，但薪水不漲，
> 家用支出每天不夠花，怎麼辦？以下 6 個步驟提供各位如何
> 在已無法再精簡的保費中「擠」出預算來加碼，為自己鋪設
> 美好未來！

　　經過保單健診後，風險缺口卻很大，問題是，保戶也挪不出預算補缺口，該怎麼辦？保險規劃有 3 大重要原則：「對、夠、好」，風險缺口大，表示保障不「夠」，會發生不夠的原因，可能是因為沒有符合另兩大原則：「對」與「好」。

　　因此要調整既有保單、擠出餘錢補缺口，可以按以下原則執行：（1）近年由於預定利率下降，越是近期所買的保單、保費越貴，如果有重複購買同一類型的保單，購買年期較近、繳費期間較長的保單，優先調整。（2）高保費、低保障，並且近年才買的保單優先調整。

## Step ❶：保對人

　　很多家庭會幫每個成員都買保險，認為如此安排，「防護網」才夠周延。但是當預算有限時，應該優先把預算放在家計負擔者的身上，譬如雙薪家庭，父母是最需要被保障的對象，也就是「被保人」，

## | 調整保單，就有機會從現有的保單擠出「錢」 |

至於小孩、祖父母都是行有餘力時再考慮。

因為家計負擔者萬一罹病、傷殘甚至身故，而家庭儲蓄又很有限的話，眼前的各項開銷，很快就會繳不出來；未來的夢想目標也難以持續；更糟的是，重病、重殘的結果，沉重的看護費用，勢必長期拖累家人。

因此，第一步確認「死、病、殘」相關險種的「被保人」，是否集中在家計負擔者，如果不是的話，應優先將非家計負擔者的保費，轉移去為家計負擔者補足風險缺口。

## Step ❷：保對險種

確認「保對人」後，接著要確認「買對險種」。每個險種都有特定的保障功能，壽險是保障死亡的風險；意外險（傷害險）是保障殘廢的風險；醫療險是保障疾病的風險；年金險則是保障長壽風險。

譬如小張是單身貴族，已經扛起孝養父母的責任，父母自己也沒有儲備太多老本，小張才需要買一份定期壽險。如果小張的雙親已有足夠的儲蓄養老，小張此時最需要保障的是殘廢風險、醫療風險，而

不是死亡風險。

　　因為一旦小張發生傷殘，父母既要照顧已失去工作能力、甚至是生活自理能力的小張，又要兼顧養老，再多的儲蓄也會被拖垮，因此小張應優先買自己意外險、殘廢險與醫療險，小張如果已買了壽險，可以考慮調降壽險保額，將省下的保費增加意外險與殘廢險的保障。

## Step ❸：簡化保障功能

　　經過 Step❶、❷ 的檢視，符合「對」的原則，也就是「保對人」、「保對險種」，但是缺口還沒補上，接下來就要檢視哪些保單能夠「擠」出錢來，也就是調降既有保單的保費，再將省下來的保費挪去補缺口。

　　最能「擠」出錢的保單就是「生死合險」：養老險、儲蓄險、還本險。「生死合險」保費往往是單純死亡險保費的數十倍，保戶只要將生死合險改成死亡險，就能在不增加預算的情況下，「擠」出一大筆新保費，將風險缺口補上。（生死合險內容詳見「買保險，最怕『小三』來搞亂」一文。）

## Step ❹：縮短保障期限

　　如果既有的保單內，並沒有養老險、儲蓄險、還本險等「生死合險」的話，可以接著考慮縮短保障期限。保戶會有的另一種迷思是，希望一種商品能夠從「搖籃」照顧到「墳墓」，但是期待保障的時間越長，要支付的保費也會越高。

　　譬如同樣是 1 千萬元的死亡保障，如果是 30 歲男性，20 年期的

定期壽險、與終身壽險（繳費 20 年期），年繳保費分別約 3 萬多元與 30 萬元，前者保費只有後者約 1 ／ 10。

顯然同樣是 1 千萬元死亡保障，將終身壽險縮短為 20 年期的定期壽險，保費可以省下一大半。對於家計負擔者，最擔心的是「死太早」，來不及儲蓄、來不及照顧家人，因此需要壽險來保障死亡風險。

但是中年之後，子女逐漸步入社會、房貸也繳清，家計負擔者其實已不需要死亡保障了。也就是死亡保障只是階段性的需求，在人生責任高峰期，用便宜的 20 ～ 30 年期的定期壽險來補足風險缺口，等到重擔減輕，壽險功能也可以功成身退，因此預算有限時，應該優先考慮定期壽險。

如果沒有投保終身壽險，接著可以考慮縮短保障期限，譬如 30 年期的定期壽險，改為 20 年期定期壽險，譬如 30 歲男性，保額 1 千萬元，30 年期的年繳保費要 47,000 元，20 年期只要 33,000 元。如果是 1 年期的定期壽險，年繳保費甚至只要 17,200 元（自然費率，保費會逐年上調）。

另外像是終身型醫療險，雖然好處是可以保障終身，卻是「高保費、低保額」，譬如 35 歲男性，購買同樣保障內容的醫療險，同樣繳費 20 年，「一般醫療險」總繳保費，只有「終身醫療險」的不到 2 成。

如果考慮在中年前先用便宜許多的「一般醫療險」（定期型醫療險），去補醫療風險缺口；中年後行有餘力，再購買終身醫療險，雖然當時費率已經相當高，但是新種保單也有可能提供更新、更周全的醫療給付。

**｜ 同樣是買死亡保障 1 千萬元，保障期限越長、保費越貴 ｜**

單位：萬元

| 保障期限 | 終身 | 30 年 | 20 年 | 10 年 |
|---|---|---|---|---|
| 年繳保費 | 30 | 4.7 | 3.26 | 2.19 |

說明：30 歲男性，終身型、30 年期、20 年期等三項費率為 20 年期繳；10 年期為 10 年期期繳。

## Step ⑤：縮減重複保障額度

有的保戶會在癌症住院醫療保障的部份買得太多，如果同時也有買住院醫療險、或重大疾病險，也會有住院保障，此時就可調降防癌險的住院保障額度。譬如原先防癌險的住院日額為每日 3,000 元，可以考慮調降到每日 1,200 元，不過各家保險公司會有最低保額的限制。

或是同時有買「日額給付型」與「實支實付型」兩種住院醫療險，但是健保限制下，住院時間縮短、病患自費負擔提高，也可調降住院日額理賠金、或是刪減日額給付型，把省下的保費轉換到實支實付型，提高實支實付型的保障。

還有一種情況是有買重疾險與防癌險，因為前者也會提供罹癌的一次性給付，後者就可考慮縮減。特別是早期防癌險保單的設計，只提供（1）初次罹癌保險金、（2）癌症手術金、（3）癌症住院日額給付、（4）癌症出院療養金、（5）癌症放射線治療保險金、（6）癌症化學治療保險金、（7）癌症安寧照護保險金、（8）癌症死亡給付，前七項給付，都無法 cover 高昂的標靶用藥支出。

通常標靶用藥的完整療程，1 年可能會百萬元起跳，而初次罹癌

保險金通常數萬元，其他二～七項，不是理賠有限、就是未針對標靶用藥提供給付。只有含死亡給付設計的保單，也就是有提供第八項的癌症死亡給付，這項理賠金額可能才負擔得起標靶用藥。

問題是，這項理賠是要等到被保人因罹癌死亡後，受益人才能領得到，而被保人在抗癌時最需要的標靶用藥支出，早期的防癌險保單等於幫不上忙，也就是最需要標靶用藥經費的人，在生前根本享受不到。

因此現有已購保單中，若已擁有重大疾病險與傳統的防癌險，因為前者保障範圍有含括癌症，並且是屬於一次性給付，可以用來貼補標靶用藥等重大支出。若傳統的防癌險，未提供一次性給付，並且繳費年期還很長，可以考慮縮減這類保單的支出。

## Step ❻：縮減保障需求

如果經過前面五個調整步驟，風險缺口還是沒有補上的話，最後就要回頭檢視是否需要縮減保障範圍。既有的保障範圍通常包括六大費用：基本生活費、子女教育費、房貸費、父母孝養金、後事費用、緊急預備金。

前三項費用如果「斷炊」，立刻就會發生：基本生活無法維持、房子查封、子女輟學的危機。而若高堂已有儲備老本，就可以優先縮減為了孝養金準備的保額；還有喪葬費用，也可以剔除。經過六個調整步驟，相信能補足風險缺口，而且不用新增預算，甚至可能挪出一筆資金，預作退休準備了。

**保單活化，終身壽險轉換為醫療險、年金險、長照險**

為因應高齡化社會來臨，近年政府開始推動「保單活化」政策，部分壽險公司針對特定終身壽險保單，開放轉換為醫療險、長照險或年金險，可選擇全部保額或部分保額轉換為其他險種。如果進入中年，對於身故保障需求下降，開始需要增加醫療保障、長期照護保障、退休保障等，也可主動洽詢自己的保險公司或業務員。

# 7 大保險真理總複習

在所有的金融商品中，保險是必需品，但卻最容易出現「拒買、買錯、買多、買少、買不好」，為什麼會這樣呢？因為保險商品種類繁多、條款艱深難懂，如果又沒碰到真正以客戶為導向的業務員，保險的價值就無從發揮。要避免這些現象，只有靠正確觀念，不斷提醒自己，建議經常複習以下七大保險真理。

## 真理 ❶：沒錢更需要投保

「蘋果日報慈善基金會」從 2003 年成立以來，定期報導等待社會捐助的案例，如果持續關注相關報導，可以發現一些共同現象：貧窮與疾病彷彿連體嬰、「壞代誌攏是一件件作夥來」（台語）。

很多人知道保險很重要，「但是沒錢投保」。其實沒錢更需要有保障，因為沒錢、表示沒有承擔風險的能力，死、病、殘、老，任何一項風險上身，都會讓全家陷入難關，如果沒有親族伸出援手，就只能等待政府或是社會救援。但是外界的救援只能解燃眉之急，只有預先用保險規避風險，才是正解。

### 真理❷：用最少的預算投保

　　理解「沒錢更需要投保」的重要性，問題自己就是「薪光幫」、「月光族」，能夠怎麼辦？答案是「用最少的預算投保」。譬如 500 萬元的意外險保障，年繳 3 千多元（第 1、2 類職業），換算每月不到 300 元，這筆預算、只要有心就能「擠」出來。

　　想要用最少的預算投保，就要秉持下列原則：「只買低保費、高保障的險種」、「向高保費、低保障的險種說 No」、「把保費當消耗品，繳了就不要想再拿回來」、「不想發生的事情，錢花得愈少愈好（譬如保險）；想發生的事情，錢花得越多越好（譬如投資或儲蓄，實現人生夢想）」

### 真理❸：扛不起的風險，才需要投保

　　保險商品琳瑯滿目，保單給付項目也是越加越多，每一張好像都有投保的價值，但是預算有限，除了保險、還有很多人生夢想等待實現，譬如購屋金、購車金、子女教育金、旅遊金、創業金、退休金等等，因此保戶要謹記：「扛不起的風險，才需要投保」。

　　譬如「門診手術」、「救護車運送」，都屬於扛負得起的財務風險，保單內容是否包含這些給付，就不是挑選重點。還有像是「寵物險」、「牙齒險」等，即使發生相關事故，還不至於造成立即的家庭財務風險，應該先補可能造成財務重大損失的風險缺口，也就是「保大不保小」。

## 真理 ④：明天就可能發生的風險先投保

很多保戶會希望「保單恆久遠、一張永留傳」，保障時間可以從「搖籃到墳墓」。但是想要保障的時間越長、代價就越高，就以壽險為例，保費高低依序是：終身型 > 30 年期 > 20 年期 > 10 年期 > 5 年期 > 1 年期。

由於人生扛負責任是有階段性的，保障的需求也是有階段性的。想要用最少預算、買到最大保障，應該是優先保障「明天就可能發生的風險」，也就是選定期型、勝過終身型，選短年期勝過長年期，行有餘力再去想「明年」與「晚年」，不要把寶貴的預算，被「明年」與「晚年」綁住，因為人生無常、明年與晚年不一定能等得到。

## 真理 ⑤：趁著身體健康儘快投保

《保險法》第 127 條：「保險契約訂立時，被保險人已在疾病或妊娠情況中者，保險人對是項疾病或分娩，不負給付保險金額之責任。」很多保戶在填寫要保書時，在健康告知欄一律填「否」，也就是不曾罹患要保書所列的相關疾病。

或是認為只要拖過解除契約權的兩年期限，就算有「既往症」（投保前就發生過的疾病），保險公司也不能解約、必須理賠。但事實是，保單只能保障保單生效後所發生的疾病，等到身體出狀況了，再去僥倖投保，保險公司只要調閱過去的就醫紀錄，證明是「既往症」，保費就會白繳。

## 真理 ❻：保單只有相對好、沒有絕對好

「這張新推出的保單，保障範圍比我買的舊保單還要大，但是舊保單已經繳了好幾年，我該解約買新保單呢？還是要續繳呢？」。就像汽車進行小改款，就能以新車面貌上市，保單也是。

台灣每年平均有上百張新保單上架，同一類險種，多加個一或二項給付，或是強化原有給付，搖身一變就是一張新保單。這些 New Arrival 讓不少保戶忍不住買了一張又一張。

要提醒的是，保戶不需要追求完全保障、絕對保障，只要保障能含括到主要的風險、最大的風險就好。

## 真理 ❼：不是所有風險都只能靠投保

人生 4 大風險死、殘、病、老，雖然都有保險商品可以轉移，但是並非所有的風險都只能靠投保，譬如老年風險、長壽風險。因為長壽風險不像另外 3 項風險，可能明天就到，而是有長達數十年時間因應。

也就是說，可以靠儲蓄、投資，有紀律性的慢慢儲糧、存老本。除非完全不諳投資、或是存不住錢，才考慮用儲蓄險、養老險、還本險等，強迫自己用保單存下老本。要提醒的是，死殘病風險先保障好，再去對付老年風險。

識財經 002

# 錢難賺 保險別亂買

作　　者——朱國鳳、邱正弘
封面設計——徐思文
內頁設計——李宜芝
主　　編——林憶純
內文校對——朱國鳳、林憶純
行銷企劃——塗幸儀

第五編輯部總監—梁芳春
董 事 長——趙政岷
出 版 者——時報文化出版企業股份有限公司
　　　　　　108019台北市和平西路三段240號七樓
　　　　　　發行專線／（02）2306-6842
　　　　　　讀者服務專線／0800-231-705、（02）2304-7103
　　　　　　讀者服務傳真／（02）2304-6858
　　　　　　郵撥／1934-4724時報文化出版公司
　　　　　　信箱／10899臺北華江橋郵局第九九信箱
時報悅讀網——www.readingtimes.com.tw
電子郵件信箱——ctliving@readingtimes.com.tw
法律顧問——理律法律事務所 陳長文律師、李念祖律師
印　　刷——勁達印刷有限公司
初版一刷——2016年1月
初版十三刷——2023年12月12日
定　　價——新台幣330元
(缺頁或破損的書，請寄回更換)

錢難賺 保險別亂買 / 朱國鳳、邱正弘合著.
-- 初版. -- 臺北市：時報文化, 2016.1
288面；17╳23公分. -- (識財經；2)

ISBN 978-957-13-6481-0(平裝)
1.保險　2.理財
563.7　　　　　　　　　　　　　　　104025328

ISBN 978-957-13-6481-0
Printed in Taiwan